Du bist mehr, als du willst

PETRUS CEELEN

Du bist mehr, als du willst

Was der Mensch zum Leben braucht

SCHWABENVERLAG

Für Anne und Katrin,
die jetzt halb so jung
und gleich alt sind
wie ich.

Inhalt

IM ANFANG WAR DER BUCHSTABE … Ich fing an mit A: Achtung, Anerkennung, Ansehen, Anstand, Anteilnahme, Arbeit, Aufmerksamkeit, Ausdauer … Das alles braucht der Mensch. Vor allem aber *Anerkennung.* Ob acht oder achtzig, ob Bettler oder Bischof, ob homo oder hetero, ob Müllmann oder Minister, ein jeder verlangt danach, erkannt und anerkannt zu werden als der Mensch, der er ist. Jedes Menschenkind braucht Bestätigung. Und auch Bindung, Beziehung, Berührung … Und Blumen. Blumen sind ein Bild für unser Blühen und Verblühen. Mit den Jahren begreifen wir, dass es keinen Sinn hat, nach den Sternen zu greifen: *Bescheidenheit* tut Not.

Ein Buchstabe, ein Begriff. Einige Buchstaben machen die Entscheidung besonders schwer. Auch das G hat es in sich: Geduld, Gelassenheit, Gesundheit, Gewissen. Und Geld brauchen wir. Und *Glück.* Und Gott? Auch Nicht-Gläubige erkennen, dass der Mensch nicht vom Brot allein lebt. Noch beim Z hatte ich die Qual der Wahl: Zärtlichkeit, Zeit, Ziele, Zukunft, *Zuwendung.* Und nicht zu vergessen: Zahnbürste. Aber dieser Band ist keine Kulturtasche, eher eine Damenhandtasche: Man glaubt nicht, was alles drin ist.

Damit du, liebe Leserin, schneller als in deiner Handtasche findest, was du suchst, habe ich den Inhalt schön alphabetisch geordnet. Auch du, ordentlicher Leser, wirst nichts dagegen haben.

Je älter ich werde, umso mehr habe ich das Bedürfnis, zu jedem Menschen *du* zu sagen. Die sehr verehrte Leserin und der geneigte Leser mögen mir das nachsehen.

Es ist natürlich mein Alphabet und es sind daher immer Begriffe, die mit mir etwas zu tun haben, deren »Inhalte« ich brauche, die aber auch andere von mir erwarten. Ja, ich will Anerkennung, mein Mitmensch aber auch von mir. Also: Dieses Brauchen ist immer ein Nehmen und Geben, Geschenk und Erfüllung.

Mit meinem ABC möchte ich dir eine kleine Lebenshilfe an die Hand geben und dich einladen, dein ganz persönliches Alphabet zu formulieren und zu buchstabieren. Du wirst bei mir wahrscheinlich den einen oder anderen Begriff, »Inhalt« vermissen, den du unbedingt zum Leben brauchst. Das ist gut so. Mein Alphabet sah vor dreißig Jahren auch anders aus als heute.

PETRUS CEELEN

An meinem 60. Geburtstag 2003

a

Anerkennung Mein Alphabet des Lebens wäre mit fünfzig Jahren noch ein anderes gewesen als mit sechzig. Jetzt denke ich beim Buchstaben A zunächst einmal an das Alter. In jungen Jahren lag Alt-Werden, Alt-Sein noch in weiter Ferne. In meinem Alter rückt auch Alzheimer ein Stück näher. Angina-pectoris-Anfälle sind mir nicht fremd. Arthritis fängt auch schon an. Arterienverkalkung lässt grüßen. Das Aussehen ist auch nicht mehr das, was es einmal war. Ob einem deshalb das Ansehen umso wichtiger wird?

Und braucht der Mensch mit zunehmendem Alter auch mehr Anerkennung? Anerkannt werden möchten auch die Jungen. Schon die Kids ringen um Anerkennung, vor allem von den Gleichaltrigen. Sie wollen auch wer sein und nur Markenklamotten tragen. Mit einer Aldi-Hose ist man unten durch. Und wehe dem, der ein altes Handy hat! Hast du was, bist du was! Das ist das ungeschriebene Gesetz der Anerkennung. Was haben wir alles, was wir nicht brauchen! Wir kaufen vieles für andere. Ihnen wollen wir zeigen, dass wir mithalten können. Das meiste geht über die Theke, um die lieben Mitmenschen jaloux zu machen: Schau mal, was ich mir leisten kann! Stolz trägt der gute Mann seine Jil-Sander-Tüte zur Schau und fühlt sich gleich ein bisschen besser.

Verstehst du das, liebe Leserin? Was tut unsereiner nicht alles, um ein wenig Anerkennung zu bekommen?! Die einen schuften Tag und Nacht, andere lassen ihr Geld schaffen. Manche möchten Meister werden, andere Professor sein, wieder andere bilden ihren Body. Manche gehen über Leichen, um auf der Erfolgsspur zu bleiben, andere sparen für einen Mercedes. Wieder andere fahren Porsche, weil ihr Geltungsbedürfnis es nötig hat. Vor allem Männer suchen Anerkennung in fremden Betten. Andere laufen mit sechzig noch Marathon, wieder andere schreiben Bücher …

Lieber Leser, sei froh, wenn du das alles nicht brauchst und du nicht von der Anerkennung deiner Mitmenschen abhängig bist. Vielleicht genügt dir auch der Glaube: Jesus liebt dich! Nur – das reicht Otto Normalverbraucher nicht zum Leben.

Es mag eine krankhafte Sucht nach Anerkennung geben, aber manche macht die fehlende Anerkennung krank. Es kränkt sie, dass man sie nicht kennt und ihre Arbeit nicht anerkannt wird. Der Dienst einer Krankenschwester oder Altenpflegerin findet kaum Anerkennung. Diese verdient auch weniger als ein Klempner oder Automechaniker. Ein Fahrzeug oder einen Wasserhahn zu reparieren ist offenbar ein größeres Verdienst, als hilfsbedürftige Menschen zu pflegen und zu windeln. Die fehlende Anerkennung bei helfenden Berufen ist sicherlich eine der Ursachen für das Ausgebranntsein.

Das Wort Anerkennung ist weiblich. Aber eine Frau hat beruflich in derselben Position mehr als ein Mann zu leisten, um die gleiche Anerkennung zu erhalten. Und die Arbeit einer Hausfrau und Mutter wird erst recht nicht richtig anerkannt. Auch der Spagat zwischen Familie und Beruf verdient viel mehr Anerkennung. Bevor Politikern und Professoren das Verdienstkreuz umgehängt wird, sollten es erst einmal allein stehende Mütter bekommen. Sie hätten es wenigstens verdient.

Einen Menschen anerkennen fängt damit an, dass ich seinen Namen kenne. Das ist das Mindeste. Nichts ist peinlicher als jemanden zu fragen: Wie heißen Sie noch? Wir entschuldigen uns manchmal und sagen: »Ich habe ein schlechtes Namensgedächtnis.« Aber der andere weiß ganz genau: Wenn ich ihm wirklich wichtig wäre, hätte er meinen Namen nicht vergessen. Wir sind manchmal auch angenehm überrascht: »Was, Sie kennen mich noch? Sie wissen noch, wie ich heiße?« Es tut uns gut, wenn andere sich namentlich an uns erinnern. Wenn wir einen Menschen mit seinem Namen ansprechen, sagen wir ihm: Ich kenne dich. Du bist nicht irgendjemand. Du trägst einen Namen. Es gibt keinen Menschen ohne Namen.

Trotzdem spricht man von den Namenlosen. Sie gelten nicht viel. Sie sind nur eine Nummer, ein Buchstabe auf dem Sozialamt. Nach ihrem Tod kommt ihre Urne sang- und klanglos in ein anonymes Grab. Über die Namenlosen ist schnell Gras gewachsen. Der Beseitigungsvorgang der Armen gleicht einer Müllentsorgung. *Wohlstandsmüll* ist mehr als ein Wort. Viele Obdachlose, Drogenabhängige, Langzeitarbeitlose fühlen sich als Müll. Und auch viele Kranke und Alte haben das Gefühl, dass sie keine Menschen mehr sind.

Wenn man einem Menschen die Würde nimmt, nimmt man ihm sein Leben. Viele Stricher und Straßenmädchen sind froh, wenn andere in ihnen den Menschen sehen. »Bin ich denn kein Mensch mehr?«, fragen mich Gefangene, die wie ein Stück Gepäck im

Schließfach aufbewahrt werden. Manche haben eine menschenverachtende Tat begangen, ein Kind bestialisch ermordet. Der Mörder ist aber keine Bestie, kein Unmensch.

Auch ein Schwein ist ein Mensch, sagt man in Russland. Keiner ist weniger als ein Mensch. Und keiner ist mehr als ein Mensch. 120 oder 140 Prozent Mensch gibt es ebenso wenig wie 60 oder 80 Prozent. Jeder Mensch ist hundertprozentig ein Mensch.

Jeden als Menschen anerkennen, ist das A und O eines menschlichen Alphabets. Das gilt weltweit. Wir alle sind Menschen, unabhängig von unserer Hautfarbe. Eine Entwicklungshelferin hat dies einmal hautnah erlebt: »In Bangladesch, im letzten Dorf, ohne Strom, ohne Wasser, kam eine Frau zu mir, die noch nie einen Weißen gesehen hatte. Sie hatte gehört, dass ich da war. Zuerst rubbelte sie an meinem Arm, um zu sehen, ob denn meine weiße Farbe abgehe. Dann setzte sie sich vor mich hin, schaute mich mindestens zehn Minuten an, dachte nach und sagte schließlich: *Amra shobai manusch* – Wir sind alle Menschen!«

Jeder Mensch hat ein Recht auf seine Hautfarbe, auf seine Kultur, auf seine Religion. Es ist sein gutes Recht, so zu sein, wie er ist. Es steht ihm zu, anders zu sein als andere. Und darum kann er von seinen Mitmenschen Toleranz erwarten. Toleranz ist ein Fremdwort. Es kommt von tolerieren, dulden, ertragen. Es heißt: Toleranz ist gut, aber Anerkennung ist besser. Und Goethe sagt: »Toleranz sollte eigentlich nur eine vorübergehende Gesinnung sein: Sie muss zur Anerkennung führen. Dulden heißt beleidigen.«

Es kommt in der Tat einer Beleidigung gleich, wenn ich den Menschen neben mir nur dulde und ihm notgedrungen seinen Platz lasse. Er möchte von mir als gleichwertig anerkannt und nicht nur geduldet werden.

Gerade Menschen, die anders sind als andere, möchten erst recht anerkannt werden. Und darum tut es Schwulen und Lesben so weh, dass die Kirche ihnen die Anerkennung verweigert und sie nur notgedrungen duldet. Statt Schwule und Lesben als vollwertige Menschen anzuerkennen und ihre Liebe zu segnen, bekommen sie erst im Sarg den Segen der Kirche.

Die katholische Amtskirche tut sich immer noch schwer, die evangelischen Christen als Geschwister anzuerkennen. Solange Rom auf dem alten Anspruch beharrt, nur in der katholischen Kirche liege das Heil, wird es keine Ökumene geben.

Nicht nur für Katholiken ist es eine Zumutung, Andersgläubige als gleichwertig anzuerkennen. Denn gleichberechtigte Anerkennung gegenüber Muslimen, Hindus, Juden beinhaltet auch, dass ich mich selbst irren und der andere Recht haben könnte. Und das ist für Rechtgläubige nicht tragbar.

Die Religion ist nicht das Ziel, sondern nur eine Leiter zum Himmel. Ich finde es schön, dass es viele Himmelsleitern gibt. Dass die Katholiken unter sich allein im Himmel sind, mag ich nicht glauben. Nein, da macht Petrus nicht mit. Nach meiner Einstellung kann jeder Mensch nach seiner Façon selig werden. Manche mögen diese Art von Toleranz für Gleichgültigkeit halten. Ja, der Andersgläubige gilt gleich viel. Und darum kann ich Muslime, Buddhisten, Taoisten wirklich als meine Schwestern und Brüder anerkennen.

b

Bescheidenheit In der Stuttgarter Vesperkirche sagt mir Stefan: »Ein paar Nahrungsmittel, ein Dach über dem Kopf und ein wenig Wärme. Das ist alles, was ich brauche.« Ich brauche mehr, viel mehr. Ich brauche ein Bett, ein Bad. Ich brauche mein eigenes Klo. Ich brauche ein Auto. Ich brauche einen Fernseher. Und nur ein paar Nahrungsmittel reichen mir nicht. Ich esse längst nicht jedes Brot. Und auch bei der Auswahl der Brötchen bin ich recht wählerisch.

Wie wenig ein Mensch eigentlich braucht, leben mir die Armen vor. Sind sie wirklich arm? Oder sind wir arm, die wir alles und doch nichts haben? Am reichsten sind die Menschen, die am wenigsten brauchen. Wir brauchen vieles. Das meiste, was in unseren Wohnungen herumsteht, brauchen wir nicht. Trotzdem schaffen wir es nicht einmal, uns von einem Drittel des gesamten Krempels zu trennen. Stattdessen kaufen wir immer noch Neues. Als ob wir nicht genug haben könnten.

Wir begnügen uns nicht mit dem kleineren Stück Kuchen, wenn wir das größere haben können. So bescheiden sind wir nicht. Wir halten es mit dem Sprichwort: »Bescheidenheit ist eine Zier, doch weiter kommt man ohne ihr.« Wir möchten nicht zu kurz kommen. Bescheidenheit ist etwas für die Dummen, die Braven. Bescheiden gilt vielfach nur als ein freundlicheres Wort für *beschissen.*

Dabei bedeutet be-scheiden eigentlich das Gleiche wie ge-scheit. Ein bescheidener Mensch war im Mittelalter einer, der alles richtig unterscheidet. Auch bei Martin Luther bedeutet Bescheidenheit richtiges Urteil, vernünftige Einsicht. Bescheidenheit kommt von Bescheid wissen und bedeutet etwas ganz anderes als Genügsamkeit und Zurückhaltung. Das Wissen führt zur Bescheidenheit. Stefan in der Vesperkirche ist gescheit. Er hält sich an den Spruch auf der Kaffeetasse: »Auch wenn sonst kein Hahn nach mir kräht, Gott weiß, dass ich da bin. Und das genügt mir.«

Bescheidenheit wird oft mit Demut gleichgesetzt. Demut war ursprünglich eine religiöse Tugend, die das Verhältnis des Menschen zu Gott bestimmte. Manche halten Demut für erniedrigend. Denn Demut sei doch das Ergebnis der Demütigung. Da wird ein Mensch in die Knie gezwungen, zu Boden getreten. So hat auch der Begriff der Bescheidenheit einen duckmäuserischen Beigeschmack bekommen. Bescheidenheit aber verlangt von uns nicht, dass wir uns demütig ducken. Wir brauchen uns nicht klein zu machen. Bescheidene Menschen sind sich durchaus ihrer Größe bewusst, aber sie sind nicht größenwahnsinnig.

Wer um die unendlichen Weiten des Universums weiß, sieht seine eigene »Größe« mit anderen Augen. Er hat das richtige Augenmaß und stellt sich selbst nicht in die Mitte. Es geht um das rechte Maß, Mäßigkeit, Maßhalten nicht nur beim Essen und Trinken. Der Bescheidene weiß, dass er nicht alles haben kann. Aber er weiß, was er hat. Der Bescheidene ist zufrieden mit dem, was das Leben ihm beschieden hat.

Wer mit sich selbst übereinstimmt, der lässt sich von der Werbung nicht alle möglichen künstlichen Bedürfnisse einreden. Er hat alles, was er zum Leben braucht. Der Bescheidene schielt nicht nach denen, die mehr haben als er. Er weiß, dass sie deshalb noch nicht glücklicher sind. Es kann lange dauern, ein Leben lang, bis wir endlich begreifen, dass wir eigentlich längst alles haben, um glücklich zu sein. Schauen wir einmal zurück und überlegen wir einmal, wann und wo wir im Leben am glücklichsten waren und wie wenig wir hatten ...

Liebe Leserin, lieber Leser, weißt du, was du alles hast? Du meinst, dass dir einiges noch fehlt. Auch wenn du alles hättest, was du willst, sage ich dir: Du bist mehr, als du willst.

Unsere materiellen Ansprüche wachsen weiter ins Übermäßige. Je mehr Wachstum wir brauchen, umso mehr Rohstoffe verbrauchen wir. Jeder von uns verbraucht jetzt schon 50-mal mehr Rohstoffe, Energie, Nahrung als ein Bewohner der so genannten Dritten Welt. Wir beanspruchen viel mehr, als wir brauchen, und zerstören damit unsere eigenen Lebensbedingungen. Im Jahre 2050 bräuchte es drei Erdkugeln, um unsere Bedürfnisse zu decken.

Beim Besuch meiner Tochter auf einer Alm ist mir aufgegangen, welchen Gewinn und welchen Zuwachs ein einfaches Leben bringt. Äußere Bescheidenheit und inneres Wachstum bedingen sich gegenseitig. Auch ganz persönlich stellen wir oft übermäßige Ansprüche und tun so, als ob wir ein Recht auf Glück hätten. Warum sollten aber gerade wir von allem Schweren verschont bleiben? Wir Menschen sind Teil dieser Erde und haben teil am Leben und Leiden der Schöpfung. *Alle Kreaturen leiden, die gesamte Schöpfung seufzt* (Röm 8,22). Warum sollten ausgerechnet wir vom Leiden ausgenommen sein?

Wir dürfen auch keine zu hohen Ansprüche an andere stellen. Keiner kann über seinen Schatten springen. Darum sollten wir auch bei uns selbst die Latte nicht zu hoch legen. Wir brauchen nicht über unsere Möglichkeiten zu leben und Übermenschliches zu leisten. Wir brauchen nicht über unsere Kraft zu gehen und für alles in der Welt Verantwortung tragen. Aber wir sollen tun, was wir können. Und das ist nicht wenig. Bei aller Bescheidenheit.

»Mein Sohn, bei allem Tun bleibe bescheiden, und du wirst mehr geliebt werden als einer, der Gaben verteilt. Je größer du bist, umso mehr bescheide dich, dann wirst du Gnade finden bei Gott. Strebe nicht nach Aufgaben, die für dich zu schwer sind, und nach einem Werk, zu dem deine Kraft nicht reicht. Was Gott dir aufgetragen hat, das überdenke sorgsam. Es hilft nichts, dass du nach immer Neuem ausschaust. Mehr, als du ohnedies tun musst, sollst du nicht erstreben, denn dir ist schon mehr aufgetragen, als du bewältigen kannst. Die Vermessenheit hat schon viele zu Fall gebracht. Der Dünkel hat ihre Gedanken verdunkelt. Das unbelehrbare, trotzige Herz zerschellt an seinen Grenzen.« Jesus Sirach, ein alttestamentlicher Weisheitslehrer, gibt den Rat, uns nicht zu übernehmen.

Wir haben tatsächlich schon mehr als genug zu tragen an dem, was uns aufgetragen ist. Warum sollen wir uns denn noch mehr aufladen?

Der Dünkel verdunkelt die Gedanken. Der Dünkelhafte dünkt sich besser als die anderen. Hochnäsig geht er durch die Welt und spricht höchst herablassend über die anderen. Eines Tages kommt ans Licht, dass der Überhebliche um nichts besser ist als die Leute, auf die er herabgesehen hat.

Manchmal braucht der Mensch einen Denkzettel, um zur Einsicht zu kommen. Da sagt mir der Vater eines HIV-Infizierten: »Ich kann Ihnen gar nicht sagen, wie ich früher über *Solche* gedacht und geredet habe. Doch seit mein eigener Sohn sich angesteckt hat, sehe ich, wie töricht das war.« Wir werden oft erst bescheiden, nachdem es uns getroffen hat. Als Betroffene reden wir anders und nehmen den Mund nicht mehr so voll. Es tut uns Leid, manches so gesagt zu haben. Wir sagen manches dahin, was wir im Nachhinein bereuen.

Mit zunehmendem Alter kommen uns manche Worte nicht mehr so schnell über die Lippen. In jungen Jahren konnten wir leicht über das Loslassen reden. Oder Witze über Alzheimer-Kranke machen. Auch eine Krankheit kann uns bescheiden machen. Da werden unsere Wünsche ganz klein: Wenn ich wenigstens wieder heim könnte. Wenn ich doch nur wieder aufstehen könnte!

Mit der Zeit werden wir gescheit. Wir lernen unsere Grenzen kennen. Je näher wir der letzten Grenze kommen, umso bescheidener werden wir. Allmählich wissen wir Bescheid. Wir wissen, dass wir nichts wissen. Bescheiden wir uns also. Und tun wir nicht so, als ob wir wüssten, was nach dem Tod kommt.

Erst recht wissen wir nicht, wer oder was Gott ist. Reden wir nicht so über ihn, als wüssten wir über ihn Bescheid. Wenn aber Gott Mensch wurde, ist der Höchste der Bescheidenste.

Charakter Nur wenige Worte und Begriffe fangen mit C an. *CDU*: Die Partei mit dem C. Ohne das hohe C wäre sie mir lieber. *Christen*: 80 Prozent der Deutschen nennen sich Christen. *Courage*: Mut. Wir kennen Zivilcourage, aber sie fehlt uns. *Charme, Charmeur*: Offenbar gibt es nur Männer mit Liebreiz. *Charme ist Charakter, der sich von seiner schönsten Seite zeigt* (Lothar Schmidt). Der Charakter hat nicht nur schöne Seiten. Manche sind jähzornig, andere zwanghaft. Man spricht von einem guten oder schlechten Charakter. Ein ordentlicher Charakter ist auch nicht schlecht. »Er ist körperlich sauber und hat in der analen Phase gelernt, seine Darmfunktion unter Kontrolle zu halten«, so Sigmund Freud.

Unter Charakter (= Prägung) versteht man die Eigenschaften und Wesenszüge eines Menschen, durch die er sich von anderen unterscheidet. Charakter wird oft mit Persönlichkeit gleichgesetzt. Aber nicht jede Persönlichkeit hat Charakter. *Der hat Charakter*, sagen wir von jemandem, der den Mut hat, sich von anderen abzugrenzen und er selbst zu sein. Ein Mensch mit Charakter tut nicht das, was alle tun. Er tut nur das, wovon er überzeugt ist. Er vertritt offen seine Meinung und sagt, was er denkt. Er verbirgt sich nicht hinter der mannshohen Mauer *man* und er sagt nicht *wir*, wenn er *ich* meint.

Wer Charakter hat, bekennt Farbe und geht nicht unter in der grauen Masse. Er läuft nicht mit dem »Haufen« mit und schwimmt auch gegen den Strom. Ein Mensch mit Charakter hat sein Ding, für das er sich voll und ganz einsetzt. Er setzt sein Ding durch und nimmt dafür auch Nachteile in Kauf. Auch wenn alle anderen ihn verlachen und verspotten, er bleibt seinem Ding treu. Das Ding kann alles sein: eine Idee, ein Ideal, der Beruf, der Glaube, eine politische Überzeugung, die Friedensbewegung, der Tierschutz ...

Lilo füttert verletzte Tauben. Dadurch bekommt sie immer wieder Ärger mit dem Amt für öffentliche Ordnung und musste schon viele hundert Euro Strafe bezahlen. Einmal saß sie dafür sogar im Gefängnis.

Oder ich denke an Uwe, der wegen seinem Hund aus der Wohnung fliegt und auch aus dem Männerwohnheim. Lieber lebt Uwe auf der Straße, als sich von seinem geliebten »Partner« zu trennen.

Menschen mit Charakter haben den Mut, etwas anderes aus ihrem Leben zu machen als die anderen. Und dafür nehmen sie auch Nachteile im Kauf. Katrin arbeitet nur so viel, dass es ihr zum Leben reicht. Sie nimmt sich viel Zeit für ihren Hund Paulo und macht lange Spaziergänge mit ihm. Sie hat das Gefühl, immer im Urlaub zu sein.

Oder da ist Ernst, der dem Staat nicht auf der Tasche liegen will. Statt zum Sozialamt zu gehen, hat er den Ehrgeiz, sich selbst über Wasser zu halten. Ernst geht von Mülleimer zu Mülleimer und sammelt Leergut ein. Den ganzen Tag ist er auf der Suche nach Flaschen. Er selbst ist keine Flasche.

Manfred sagt: »Ich lasse den Herrgott einen lieben Mann sein und schnorre mich so durch. Betteln ist ein ehrenhafter Beruf. Die Mönche früher waren auch Bettler. Arbeiten ist nicht mein Ding. Ich bin zu faul.«

Kein Mensch ohne Charakter kann mit Würde faulenzen (Robert Lemke).

Charaktervolle Menschen gelten als willensstark, eigenwillig. Oft geht der Eigenwille in Trotz über. Auch bei Päpsten. Papst Johannes XXIII.: »Hier stehe ich. Ich kann auch anders.« Manche Päpste können offenbar nicht anders und halten bis zum bitteren Ende durch. Ist das Trotz? Altersstursinn? Oder Charakter?

Der alte Petrus Coelestin hatte Charakter. Er war im Jahre 1294 kurze Zeit Papst. Nach nur sieben Monaten dankte er ab und erklärte vor den versammelten Kardinälen: »In Erkenntnis meiner Unfähigkeit und Schwäche, in Anbetracht der Bosheit der Menschen und meiner Gebrechlichkeit entsage ich freiwillig dem höchsten Pontifikat.« Dann stieg der 85-Jährige vom Thron, legte Tiara, Mantel und Ring ab, verließ den Raum und zog wieder die graue Eremitenkutte an, die er vor seiner Papstwahl getragen hatte. Ein Mann wie Petrus Coelestin hat für mich Vorbildcharakter. Ich schätze Menschen, die ihre Grenzen kennen und erkennen, wenn sie überfordert sind.

Charakterstärke zeigt auch der Mensch, der eigene Fehler eingestehen und zu dem stehen kann, was er falsch gemacht hat. Auch wenn jemand anderen verzeihen kann, ist das keine Schwäche, sondern ein Zeichen von Stärke. Er weiß, dass er sich nichts vergibt, wenn er seinem Schuldiger vergibt. Böses mit Bösem vergelten, das kann auch ein charakterloser Mensch. Aber Charakter gehört dazu, wenn dein Nachbar dir Steine in den Garten wirft und du ihm dann Blumen bringst. Das ist sicher nicht jedermanns Sache. Und auch nicht jeder Frau.

Ich weiß nicht, was du, liebe Leserin, für einen Charakter hast, aber dass du Charakter hast, zeigst du, wenn du dich anderen nicht bloß anpasst und ihre Vorstellungen nicht einfach übernimmst. Du bist nicht auf der Welt, nur um die Erwartungen der anderen zu erfüllen. Stehe zu dir selbst. Auch du, lieber Leser, sollst es nicht jedem Recht machen wollen und dich nicht nach allen Seiten richten. Wenn alle für dich sind, dann stimmt etwas nicht. Wenn nicht mindestens zehn Prozent gegen dich sind, hast du keinen Charakter! Bleib dir selbst treu. Das heißt nicht, dass du immer bleiben sollst, wie du bist. Indem du dich wandelst, wirst du, wer du bist.

Ich habe mir mein Gesicht nicht selbst ausgesucht. Mein Leben lang trage ich es mit mir. Ich kann mein Aussehen ein wenig verändern, aber nicht so sehr, wie ich manchmal möchte. So ist es auch mit meinem Charakter. Es mag mir gelingen, bestimmte Charakterzüge ein wenig zu verändern, aber mein Wesen ist unveränderlich.

Der Wolf ändert das Haar und bleibt, wie er war, sagt ein deutsches Sprichwort. Demnach ändern sich schlechte Menschen im Grunde nicht … Aber ist nicht jeder Mensch des Menschen Wolf? Auch wenn wir anderen die Zähne nicht zeigen, können wir ganz schön bissig sein. In uns steckt aber nicht nur der böse Wolf, sondern auch die liebe Miezekatze, vertrauensselig und anlehnungsbedürftig. Wir sind dankbar für jede Streicheleinheit. Charakterkatzen mögen es nicht, wenn man sie gedankenlos streichelt. Charakterkatzen nehmen nicht alles, was sie bekommen können, sondern nur das, was von Herzen kommt.

Der Charakter eines Menschen wurde in der Antike mit der Idee des Guten verknüpft. Heute ist aber nicht mehr der Charakter gefragt, sondern nur noch der Marktwert des Menschen. Es gibt viele, die auf dem Markt nichts gelten. Arbeitslose, Asylanten, Bettler, Behinderte, Drogenabhängige, Kranke … Sie erwarten, dass wir menschlich mit ihnen umgehen und ihnen zeigen, dass sie Menschen sind. Damit zeigen wir, dass wir Charakter haben.

Was haben wir für einen Charakter? Dazu ein paar weise Worte:

Eine Kleinigkeit verrät oft mehr von dem Charakter eines Menschen als eine große Tat (Friedl Beutelrock).

Das Unglück ist der Prüfstein des Charakters (Samuel Smiles).

Durch nichts bezeichnen die Menschen mehr ihren Charakter als durch das, was sie lächerlich finden (Goethe).

Welchen Charakter wir auch immer haben mögen – es ist ein guter Charakter, wenn er uns hilft, unseren Weg gerade zu gehen und aufrecht wie ein Baum zu sterben.

d

Dank Die deutsche Sprache umfasst schätzungsweise 500 000 Wörter. Welches ist das schönste Wort? Liebe? Leider ist es so verbraucht.

Ich kenne kein schöneres Wort als Dank, danke. Vielleicht auch, weil mir das Danke des anderen so gut tut, es wärmt mein Herz. *Ein dankbares Wort gibt Wärme für drei Winter*, sagt ein russisches Sprichwort. Dankeschön. Ich danke dir. Tausend Dank! Es kommt nicht auf die Worte an, sondern auf unsere innere Haltung. Wir können sagen, was wir wollen, wenn unser Dank nur von Herzen kommt. Dankbarkeit vermittelt ein glückliches Gefühl. Es gibt keinen Menschen, der dankbar und unglücklich ist. Dagegen sind viele unglücklich, weil sie undankbar sind.

Statt zu klagen, dass wir nicht alles haben, was wir wollen, sollten wir lieber dankbar sein, dass wir nicht alles bekommen, was wir verdienen (Dieter Hildebrandt).

Dankbarkeit ist das Gedächtnis des Herzens. Unser Herz hat oft nur ein kurzes Gedächtnis. Wir tun uns schwer mit Danken. Darum lassen wir uns auch nicht gerne beschenken. Wir befürchten, in Abhängigkeit zu geraten. Schließlich möchten wir niemandem zu Dank verpflichtet sein und Dankeschön sagen müssen. Weil wir quitt sein wollen, revanchieren wir uns mit einem gleichwertigen Geschenk. Revanchieren heißt eigentlich: Rache üben …

Das Danken fällt uns schwer. Warum sollen wir uns beim Schaffner bedanken? Er tut doch nur seine Pflicht. Und dafür wird er bezahlt. Ohne ein Gefühl der Dankbarkeit nehmen wir täglich die Dienste unzähliger Menschen in Anspruch und denken nicht daran, wie sehr wir auf sie angewiesen sind. Wer denkt, dankt. Wir leben oft gedankenlos in den Tag hinein und denken nicht daran, zu danken.

Kranke sind oft viel dankbarer als Gesunde. Je weniger ein Mensch hat, umso dankbarer wird er. *Danke* ist das meist gesagte Wort im Hospiz. Der aidskranke Bernhard fängt jeden Tag mit einem Danke an: »Herr, ich danke dir für diesen neuen Tag. Danke, dass ich heute leben darf!« Leben zu dürfen ist wunderbar, ist ein Wunder. Doch das begreifen wir erst, wenn wir krank daniederliegen. Plötzlich sehen wir alles mit anderen Augen. Aufstehen, essen, schlucken, alles, was bis dahin so selbstverständlich war, ist nicht von selbst zu verstehen.

Nichts ist selbstverständlich: nicht einmal die Luft. Der Asthmatiker, der nach einem stundenlangen Erstickungsanfall endlich wieder atmen kann, ist unendlich dankbar für die Luft. An einem Tag atmen wir 137 Kubikmeter Luft ein. Das Kostbarste im Leben bekommen wir geschenkt, umsonst geschenkt!

Von den HIV-Infizierten und Aidskranken habe ich verstehen gelernt, wie reich ich bin, wenn mein Immunsystem funktioniert. Als der arme Achim durch eine Erbschaft plötzlich zu viel Geld kam, sagte ich ihm: »Du, Achim, ein bisschen beneide ich dich schon.« Da antwortete mir Achim: »Du kannst gerne meine Millionen haben. Aber du, Petrus, du gibst mir dein Immunsystem.« Ich bin Millionär, nur weiß ich es nicht.

Wer denkt, dankt. Wer weiter denkt, hört nicht auf zu danken und fängt an zu teilen. Aus Dankbarkeit nimmt er Anteil am Leid der anderen. Ich denke an die verstorbene Annemarie. Sie gab Drogenabhängigen jeden Samstag und Sonntag Methadon, ihr Lebensmittel. Das ganze Jahr über, ohne Urlaub zu machen. Viele Jahre lang. Für Annemarie schien das selbstverständlich. Die meisten konnten nicht verstehen, dass man für *Solche* so viel übrig hat. Annemarie sagte: »Ich tue das, weil ich so dankbar bin, dass meine zwei Buben nichts mit Drogen zu tun haben.«

Wenn wir daran denken, auf welche Abwege wir hätten kommen und in welche Abgründe wir hätten stürzen können ... Wenn ich meinen Lebensweg durchgehe und bedenke, was an einigen Kreuzungen hätte daneben gehen können! Und wie viel Glück ich an manchen Stellen gehabt habe! Nicht umsonst kommt mir beim Buchstaben D gleich Dankbarkeit in den Sinn. Dankbarkeit ist die Grundhaltung meines Lebens geworden.

Was ist mir alles erspart geblieben! Vor Gericht zu stehen. Im Rollstuhl zu sitzen, im Krankenbett zu liegen. Ich musste nicht den schweren Weg antreten, ein Kind im Krankenhaus oder im Gefängnis zu besuchen. Ich habe nie Hunger gehabt. Ich habe nie gesehen, wie mein Vater meine Mutter schlägt. Ich wurde selbst nie verprügelt.

Die Menschen am Rande haben mir die Augen geöffnet. Ich sehe mich mit den Augen des Obdachlosen und nehme wahr, was mir alles zugefallen ist. Ich habe vieles, wovon andere nur träumen können. Ich bin dankbar, dass ich schreiben kann. Und lesen. Nicht wenige sind Analphabeten. Ich sehe die Kinder in Palästina, die eher schießen als das ABC buchstabieren können. Dankbar bin ich, dass ich rechtzeitig, zur rechten Zeit auf die Welt gekommen bin. Der digitale Kram bringt mich jetzt schon um. Ich danke Gott, dass ich einen Beruf habe, bei dem ich den Menschen so nahe sein kann. Oft habe ich das Gefühl, dass ich viel mehr zurückbekomme, als ich gebe. Nur wer empfängt, kann weitergeben. Ich empfange Vergebung. Jeden Tag neu lebe ich aus dem Erbarmen Gottes. Ich weiß mich angenommen als der Petrus, der ich bin. Dafür kann ich nur danken.

Mich überfällt beim Aufwachen oft ein tiefes Gefühl der Dankbarkeit: Mensch, du lebst! Du bist gesund. Du kannst aufstehen. Und wenn ich nur schwer aus dem Bett komme, denke ich an die Bettlägerigen, die liegen bleiben müssen und froh wären, wenn sie aufstehen könnten. Vor lauter Freude würden sie aus dem Bett springen! Ich habe kein bestimmtes Morgengebet, aber ich sage oft einfach Danke.

Manchmal bin ich so dankbar, dass ich zu singen beginne. Das braucht kein Kirchenlied zu sein. Ich muss auch in keine Kirche gehen, um Gott Danke zu sagen. Ich kann im Wald einen Baum umarmen und mich so bei Gott für seine wunderbare Schöpfung bedanken. Oder ich jogge durch die Felder: Mein Gott, ich danke dir laufend. Mit den Beinen danken. Mit den Füßen beten. Wer singt, betet doppelt: »Nun danket alle Gott mit Herzen, Mund und Händen.« Dieses Lied singe ich so gerne, dass ich es auch noch bei meiner Beerdigung hören möchte.

Nicht nur bei einem Geburtstag tun wir uns schwer, einem Menschen direkt zu sagen, wie dankbar wir ihm sind. Wir packen unseren Dank in ein Geschenk. Oder wir sagen es mit Blumen: *Ich mag dich. Du, ich bin so froh und dankbar, dass es dich gibt. Ich danke dir, dass es dich gibt!* Dieses Danke mag gut gemeint sein, aber es ist zu viel des Guten. Denn kein Mensch hat sich sich selbst zu verdanken. Wohl können wir aber singen: Wie schön, dass du geboren bist, wir hätten dich sonst sehr vermisst! …

Liebe Leserin, lieber Leser, du suchst manchmal auch nach einem Wort des Dankes. Ich habe eines gefunden, das ich dir gerne weitergebe. Gib es weiter. *Ich danke Gott, dass er dir ein gutes Herz gegeben hat. Ich danke dir, dass du mir dein gutes Herz gezeigt hast.*

Ermutigung Als ich Lore frage: »Was brauchst du eigentlich?«, antwortet sie: »Ich brauche einen Menschen, der mir sagt: Gut, dass es dich gibt.« Der Mensch braucht die Bestätigung durch andere. Ich kann mir selbst schlecht sagen: Gut, dass es dich gibt. Schön, dass du da bist. Es genügt nicht, dass ich mir selbst einrede: Gut, dass es dich gibt. Ich bin darauf angewiesen, dass andere es mir sagen. *Das Wort, das dir hilft, kannst du dir nicht selbst sagen*, weiß ein äthiopisches Sprichwort.

Wir brauchen die anderen. Wir können uns zwar auch selbst auf die Schulter klopfen und loben, aber Eigenlob stinkt. Wir tun einiges, um von anderen ein wenig Lob zu bekommen. Wie viele Angeln werfen wir aus, um ein paar kleine Komplimente zu fischen! Wir sagen, dass wir schlecht aussehen, nur um das Gegenteil zu hören. Wir freuen uns über ein Lob, auch wenn wir es nicht so zeigen. *Auf dich ist ja Verlass! Das hast du gut gemacht*! Schön, wenn andere erkennen, was wir gut machen. Das Lob bewirkt, dass das Gute in uns weiter wächst. Und so können wir selbst wieder ein Stück mehr an das Gute in uns glauben.

Wir brauchen Mitmenschen, die uns ermutigen. Sich selbst Mut machen ist schwer. Manchmal hören wir zwar eine innere Stimme, die uns Mut zuspricht, aber andere können uns besser Mut machen: *Du schaffst es! Mach weiter so! Dir traue ich das zu! Ich glaube an dich!*

Solche Worte sind wie Brot. Sie ernähren uns. Viele hungern danach, endlich einmal den Satz zu hören: *Ich brauche dich!* Sie fühlen sich unnütz, überflüssig. Sie sind des Lebens überdrüssig und greifen nach Alkohol und Drogen. Wie viele Frauen und Männer warten darauf, dass endlich einer kommt und sagt: *Du, dich brauche ich!* Das Gefühl, gebraucht zu werden, gibt Menschen wieder Mut.

Wer Mut zeigt, macht Mut (Adolf Kolping). Mutige Menschen wecken unseren Mut. Wir möchten auch etwas wagen, aber wir trauen uns nicht richtig. Im entscheidenden Moment verlässt uns oft der Mut. Wir bewundern wagemutige Menschen, die keine Angst kennen. Der Bergsteiger Reinhold Messner sagt: *Die Angst ist die andere Hälfte des Muts.*

Ich stand auch schon vor einem Berg und dachte: Das schaffe ich nie. Erst als ich oben war, sah ich den Weg. Aber manchmal ist es wirklich zu viel. Ich sehe nicht darüber hinaus. Ich habe nicht den Mut, gegen den Berg anzugehen. Ich schaffe nicht einmal den ersten Schritt. Angst lähmt mich. Ich versuche meine Angst zu verjagen, aber sie treibt mich in die Enge.

Andere haben gut reden: *Da musst du durch.* Und die Frommen sagen: *Gott nimmt dir die Angst!* Jesus aber hat gezittert, Wasser und Blut geschwitzt. Ich bin manchmal auch im Garten Getsemane, in auswegloser Angst gefangen. Die Freunde schlafen. Ich bin allein, allein mit meiner Angst. Ich kann nicht wie Jesus beten: *Nicht mein, sondern dein Wille geschehe.* Könnte ich wenigstens lauthals schreien, zum Himmel schreien! Doch die Angst schnürt meine Kehle zu.

Einer kommt und spricht mir Mut zu. Er redet und redet, redet auf mich ein. Doch niemand kann mir meine Angst ausreden. Ein anderer sagt: *Du brauchst doch keine Angst zu haben.* Als ob das helfen würde! Alle gut gemeinten Worte erreichen mich nicht. Dazu sitze ich zu tief im dunklen Loch.

Es dauert lange, bis ich Hilfe annehmen kann. Da nimmt mich jemand an die Hand und ermutigt mich zur Geduld: *Du hast einen langen Weg vor dir. Ich gehe mit dir. Mit der Zeit wirst du deinen eigenen Weg finden.*

Lieber Leser, auch du warst schon mitten in der Wüste. Da gab es keinen Weg, keinen Wegweiser. Du wusstest nicht mehr ein noch aus. Plötzlich stand ein Engel neben dir, dein Engel. Er stützte dich und zusammen fandet ihr den Ausweg.

Liebe Leserin, du hast auf deinem Weg wohl auch schon erfahren, wie gut es tut, wenn der Mensch an deiner Seite mehr Mut hat als du. Kennst du das auch? Du bist ohne Kraft. Du lässt die Arme sinken. Du bist down, niedergeschlagen, am Boden. Und da richtet dich jemand auf, der es noch viel schwerer hat als du.

Ich selbst bekomme auch immer wieder Hilfe von einer Seite, von der ich es nicht erwarte. Einer, dem ich helfen wollte, wird mir zur Hilfe. Ein armer Teufel, der mich um Unterstützung bittet, ist mir eine Stütze. Ein Kranker, dem ich Mut zusprechen soll, macht mir Mut. Ich habe schon oft erfahren, wie wahr die Worte sind: *Die Menschen, denen wir eine Stütze sind, richten uns auf* (Marie von Ebner-Eschenbach).

Ein Gefangener erzählt mir strahlend, dass ein Kumpel ihm eine Karte geschrieben hat. »Nur ein paar Worte. Was soll man einem im Gefängnis von draußen auch schon schreiben?! Aber ich habe mich trotzdem sehr über die Karte gefreut. Sie zeigt, dass da einer an mich denkt und ich noch nicht abgeschrieben bin.«

Ein gutes Wort kann einem Menschen eine Menge Mut machen. Auf unsere Antwort kommt es an, ob unser Gesprächspartner sich ermutigt fühlt weiterzuerzählen. Eine vorschnelle Antwort, eine moralische Wertung, ein Urteil sind nicht hilfreich. Wenn der andere sich angegriffen fühlt, wird er sich verteidigen. Aus Selbstschutz muss er sich verschließen. Ein offenes Ohr ermutigt den Sprechenden, sich weiter zu öffnen. Und manchmal eröffnet auch ein gutes Wort einen neuen Weg und gibt Mut für den nächsten Schritt.

Uns fehlt es oft an Selbstvertrauen. Wir trauen uns selbst nichts mehr zu und haben den Glauben an uns selbst verloren. Gut, dass es da Menschen gibt, die an uns glauben. Sie geben uns den Mut, unseren Weg weiterzugehen. Was uns manchmal entmutigt, ist das viele Leid, das uns unterwegs begegnet. Und dann noch all das Elend in der großen, weiten Welt! Alle sieben Sekunden verhungert ein Kind. Wir fühlen uns machtlos und sagen: *Da kann man nichts machen.* Aber ich kann eine Patenschaft übernehmen für ein Kind in der so genannten Dritten Welt. Was ist denn schon eine Patenschaft? Nichts, aber alles für das Kind, das den Hungertod nicht stirbt.

Wir können die Armut nicht aus der Welt schaffen, aber wir können dafür sorgen, dass einige wenige Kinder wenigstens nicht mehr hungern. Miteinander können wir mehr, als wir glauben. *Wenn viele kleine Leute an vielen kleinen Orten viele kleine Schritte tun, dann verwandelt sich das Antlitz der Erde* (aus Afrika).

Kopf hoch! Du darfst dich jetzt nicht aufgeben! Da musst du durch! Solche Worte können einem Menschen durchaus Mut machen, in mancher Situation gehen sie aber völlig ins Leere. Vor allem Kranke können die gut gemeinten Durchhalteparolen oft nicht mehr hören. Auch ist es unerhört, einem unheilbar Kranken zu sagen: *Es wird schon wieder! Wird schon werden!* Das ist keine Ermutigung für einen Menschen, der weiß oder fühlt, dass es eben nicht wieder wird. Mit manchem gut gemeinten Wort sprechen wir uns selbst Mut zu. Schließlich möchten wir den geliebten Menschen nicht verlieren. Und so wird am Krankenbett oft über alles Mögliche gesprochen, nur nicht über das, was sicher ist, todsicher. Wir scheuen uns das Wort Tod oder Sterben in den Mund zu nehmen.

Erst recht trauen wir uns nicht über die letzten Dinge zu reden. Dazu gehört Mut. Eine Zumutung ist es, einen Sterbenden zu fragen, was für einen Sarg er möchte. Oder ob er in den Ofen will oder unter die Erde.

Reden wir rechtzeitig über die letzten Dinge, sonst werden auch wir vielleicht gegen unseren Willen in den Ofen geschoben. Ich habe Angst vor dem Feuer und auch das Sterben macht mir Angst. Mich ermutigt aber, dass es bisher alle geschafft haben. Vielleicht geht es mir am Ende so wie Karl Valentin: *Mein Leben lang habe ich Angst vor dem Tod gehabt, und jetzt das.* Der Münchner im Himmel macht mir Mut.

f

Freude »Haben Sie sich heute schon gefreut?« Was für eine Frage! Und dann so früh am Tag. Dabei klingt die Stimme am Telefon ganz angenehm. »Dies ist eine Befragung von Product Placement Germany, PPG, und bleibt absolut vertraulich.« Lieber Leser, dir verrate ich lieber nicht, was ich der »Glücksverkäuferin« geantwortet habe. Es soll ja auch vertraulich bleiben. Liebe Leserin, jetzt einmal im Vertrauen: *Hast du dich heute schon gefreut?* Natürlich sind wir froh, wenn wir morgens aufstehen können und auch noch die Sonne scheint. Aber scheint sie auch in unseren Herzen? Freuen wir uns richtig, wenn ein neuer Tag anbricht?

Ich wäre froh, wenn ich mich so freuen könnte: »Herr, ich werfe meine Freude wie Vögel an den Himmel. Die Nacht ist verflattert, und ich freue mich am Licht. So ein Tag, Herr, so ein Tag. Herr, ich freue mich an der Schöpfung. Und dass du dahinter bist und daneben und davor und darüber und in uns. Herr, ich werfe meine Freude wie Vögel an den Himmel. Ein neuer Tag glitzert und knistert, knallt und jubiliert von deiner Liebe. Jeden Tag machst du. Halleluja, Herr!« (aus Afrika).

Maria hat eine schwere Krebsoperation und ein langes Tief hinter sich. Inzwischen strahlt sie wieder und sagt: »Ich weiß, dass er mich versteht, auch wenn ich manchmal unmöglich bin. Ich spüre, dass

Gott mich mag. Und das freut mich. Die Stimme Gottes in meinem Herzen sagt mir: Du bist meine geliebte Tochter. Du bist ganz und gar von mir geliebt. Das ist das Fundament meines Daseins und darum freue ich mich meines Lebens.«

Angeblich leben wir in einer Spaßgesellschaft. Spaß haben ist »in«. Aber darum sehen die Menschen noch lange nicht fröhlich aus. Schauen wir einmal in ihre Gesichter. Sie sind bitterernst und viele mit herunterhängenden Mundwinkeln. Vielleicht ist es auch gut, dass wir unser eigenes Gesicht nicht sehen. Manche strahlen, strahlen vor Freude. Ein lächelnder Mensch tut uns in der Seele gut. Sein Lächeln ist ansteckend. Da lacht das Herz, still und leise. Beim Spaß dagegen wird oft laut gelacht. Aber das Lachen ist nicht ganz echt. Es wirkt aufgesetzt. In vielen Comedy-Serien wird das Lachen vom Band eingespielt. Lächerlich.

Um Spaß zu haben, braucht es oft große Dinge von außen. Die Freude kommt von innen. Mich freuen Kleinigkeiten, wie zum Beispiel ein Vogelgezwitscher. Tief in meinem Innersten empfinde ich Dank und Harmonie. Um uns zu freuen, bedarf es keiner besonderen Anreize. Die Fülle des Lebens freut uns! Das Frühstück. Der freundliche Nachbar. Mitten im grauen Alltag spielen Hund und Katze miteinander. Die unerwartete Hilfe, ein komisches Wortspiel. Die Schlagfertigkeit und der Witz des Kollegen. Mein Kaktus. Ein tierernster Dackel. Der Sonnenuntergang. Die Sterne am Himmel …

Ganz besonders freut uns, wenn ein Baby lächelt. Als Säuglinge haben wir Menschenkinder alle gelächelt. Und auch als Kinder haben wir oft gelacht. Mit der Zeit ist uns das Lachen vielleicht vergangen. Glücklich der Mensch, der die Lust und die Freude am Leben sich erhalten hat. Die Welt, in der wir leben, bietet oft nur wenig Grund zur Freude. Aber das war früher nicht anders. Als Paracelsus lebte, wütete die Pest. Nach Meinung dieses Naturarztes kann einem Menschen in Seuchenzeiten durch fröhliche Gedanken leicht geholfen werden. Denn trübe Stimmungen seien für den Menschen wie klebriges und gleichzeitig leicht entzündbares Pech, das gern Feuer fängt. Wenn es zu brennen beginne, könne es schwer gelöscht werden.

Heute wissen die Neuroimmunologen, dass sich pessimistisches Denken direkt auf die körpereigene Abwehrlage auswirkt. Das Immunsystem nimmt alles ernst. Freude ist die beste Medizin. Das hat auch schon der alttestamentliche Weisheitslehrer Jesus Sirach gewusst: »Überlass dich nicht der Sorge, schade dir nicht selbst durch dein Grübeln! Herzensfreude ist Leben für den Menschen, Frohsinn verlängert ihm die Tage.« Ein alter Spruch sagt das Gleiche mit anderen Worten: »Wer morgens dreimal schmunzelt, mittags nicht die Stirne runzelt, abends singt, dass alles schallt, der wird hundert Jahre alt.«

Wenn ich jemandem Freude bereite, beglücke ich mich selbst. Mein Lächeln strahlt auf mich zurück. Geben und Nehmen sind eins. Um Spaß zu haben, müssen wir oft Geld ausgeben und Eintritt bezahlen. Lächeln kostet nichts. Charlie Chaplin sagt: »Jeder Tag, an dem du vergessen hast zu lächeln, ist ein verlorener Tag.« Und der verlorenste aller Tage ist der, an dem man nicht gelacht hat.

Lachen ist gesund. Das frohe Lachen hat einen unmittelbaren Einfluss auf die Sekret-Funktion der Drüsen. Beim Lachen lockern wir die Muskeln. Wenn wir lachen, bebt das Zwerchfell, die Muskeln des Bauches und des Brustkorbes werden durchgearbeitet. Der Sauerstoffaustausch in den Lungen wird versiebenfacht. Magen und Darm werden rhythmisch bewegt, der Kreislauf wird lebhafter. Herzhaftes Lachen setzt im Körper Hormone frei, die Glücksgefühle auslösen und beruhigend wirken. Durch das Lachen wird der ganze Organismus wie durch ein heilkräftiges Bad erquickt. Unsere Freudentränen sind das Badewasser für unsere Seele. Wenn wir Tränen lachen, hüpft unsere Seele vor Freude.

F F F F F F F F F F F

Neben *Freude* hat der Buchstabe F noch einiges zu bieten, was wir wirklich brauchen: *Familie, Fantasie, Freiheit, Friede* und nicht zuletzt *Freunde*. Viele so genannte Freunde sind eher Kumpel, mit denen wir gemeinsam etwas unternehmen oder Spaß haben. Ein echter Freund ist ein Mensch, mit dem ich gerne zusammen bin, weil ich bei ihm so sein kann, wie ich bin. In seiner Nähe fühle ich mich wohl. Das Zusammensein mit einem guten Freund gibt mir neue Energie. Bei ihm kann ich auftanken und meine Batterie aufladen.

Zu einem Freund kann ich kommen, ohne mich zu verstellen, ohne mich zu entschuldigen oder zu verteidigen. Meinem Freund kann ich alles sagen, weil ich weiß, dass er mich versteht und mich nicht verurteilt. Meinem Freund kann ich in die Augen sehen. Vor ihm brauche ich mich nicht zu schämen. Ein Freund scheut sich nicht, mir die Meinung zu sagen und mich auf meine Fehler hinzuweisen. Aber ich weiß, dass er mich so akzeptiert, wie ich bin, und mich nicht verändern will. Mit einem Freund gehe ich nicht zart besaitet um. Er verträgt Kritik. Und ich bin nicht beleidigt, wenn er meinen gut gemeinten Rat nicht befolgt.

Freunde stellen keine Ansprüche aneinander. Wahre Freundschaft verfolgt keinen Zweck. Sie ist ohne Zwang. Freiwillig helfen Freunde einander in der Not. Ein echter Freund ist unbezahlbar. *Wer Geld verliert, verliert etwas. Wer einen Freund verliert, verliert viel. Wer die Freude verliert, verliert alles.* Ohne Freude sind wir verloren. Und darum fragen wir uns jeden Tag neu: »Hast du dich heute schon gefreut?«

Glück *Meine allerherzlichsten Glückwünsche zu deinem Geburtstag! Alles, alles Liebe und Gute und ein glückliches Leben! Ich wünsche dir nur das Allerbeste, Allerschönste … Ich wünsche dir eine riesige Tüte voll Glück zum Geburtstag!* An einem runden Geburtstag werden wir überhäuft mit guten Wünschen. Ob es überhaupt so viel Glück gibt? Und ob es wirklich gut für uns wäre, wenn all die guten Wünsche in Erfüllung gingen? Möchten wir wirklich wunschlos glücklich sein und keinen Wunsch mehr offen haben?

Mit den Jahren sind wir schon froh, wenn es uns gelingt, andere ein bisschen zu beglücken. Wir sind schon glücklich, wenn unser Leben ein wenig glückt. Unser Dasein kann nur gelingen, wenn wir erkennen, dass es einen Sinn hat. Ein sinnerfülltes Leben macht glücklich. Und umgekehrt kann ein Mensch nicht glücklich sein, wenn er glaubt, dass sein Leben keinen Sinn habe. Ein sinnloses Leben kann niemand aushalten. Sinn ist ein anderes Wort für Glück. Glücklich der Mensch, der eine sinnvolle Aufgabe hat und weiß, wofür er lebt.

Viele glauben immer noch, dass Wohlstand und Besitz der Schlüssel ist zum Tor des Glücks. Doch dann müssten die Wohlhabenden und Reichen die Glücklichsten sein. Ihre Gesichter sprechen eine andere Sprache. Dagegen sehen Bewohner in Urlaubsparadiesen viel glücklicher aus, obwohl sie oft in den ärmsten Ländern liegen.

Geld macht nicht glücklich, weiß der Volksmund. Geld ist eigentlich nur ein Zahlungsmittel, ein Mittel zum Leben. Aber für viele ist »Money machen« zum Lebenszweck, zum einzigen Zweck ihres Daseins geworden.

Wer diesen Zweck verfolgt, kann nicht glücklich werden. Denn je mehr jemand hat, um so größer wird die Angst, seinen Besitz zu verlieren. Eigentlich besitzen wir heute alles, um glücklich zu sein. Und trotzdem sind so viele von uns unglücklich. Warum? Vielleicht gibt die Antwort eine Parabel aus China: Kinder spielen auf der Straße. Sie geben sich so sehr dem Spiel hin, dass sie alles vergessen. Zwei Männer kommen vorbei, bleiben stehen und beobachten das Glück der Kinder. Der eine fragt den anderen: Warum sind die Erwachsenen nicht so glücklich wie diese Kinder? Der andere sagt nichts, aber er greift in seine Tasche und wirft eine Handvoll Münzen unter die Kinder. Sofort verstummt das glückliche Lachen. Eine Prügelei entsteht. Die Kinder liegen am Boden und raufen sich um die Kupfermünzen.

Mit anderen Worten: Die Gier zerstört das Glück. Wir sind unglücklich, weil wir immer mehr haben wollen und nicht zufrieden sind mit dem, was wir haben. Wir schielen allzu oft nach denen, die mehr haben als wir, und wir sehen nicht, wie viele uns beneiden. Ein Sprichwort aus Argentinien sagt: *Glück und Regenbogen sieht man nicht über dem eigenem Haus, sondern nur über den Häusern der Nachbarn.*

Ob jemand glücklich ist, hängt nicht davon ab, wie viel er besitzt. Nicht das Wieviel entscheidet über Glück, sondern das Wie. Für viele ist das Glück Glückssache, Zufall. Etwas, das ihnen zufällt. Etwa ein Volltreffer bei der Glücksspirale. *Zum Glück gibt es die Fernsehlotterie.* Wie viele träumen jede Woche davon, dass die Glücksfee endlich zu ihnen kommt und sie mit sechs Richtigen beglückt. Die Lotterie des Lebens ist ungerecht. Wenn wenigstens alle die gleiche Chance hätten. Bevor manche zur Welt kommen, befinden sie sich schon auf der Verliererstraße. Warum haben so viele keine Chance? Chancenlos, arbeitslos, wohnsitzlos, heimatlos ... Warum fällt den einen ein so schweres Los zu, und warum haben andere so viel Glück? Warum haben manche einen Platz an der Sonne, und warum müssen andere im dunklen Schatten leben? Warum sterben die einen an einem Herzinfarkt, und warum bekommen andere ein zweites Leben geschenkt? Warum haben die einen so ein Pech mit ihrem Partner, und warum sind andere so glücklich verheiratet? Sie haben einen hohen Glücksgewinn in der Lebenslotterie eingespielt. Und es gibt wohl kein größeres Unglück, als nicht geliebt zu werden.

Viele Paare sind miteinander nicht glücklich. Und eines Tages ist der eine tot und der andere todunglücklich. Oder überglücklich. Die meisten Beziehungen sind überfrachtet mit Glückserwartungen. Kein Mensch kann den anderen glücklich machen. Aber zwei Menschen können wohl miteinander glücklich werden.

Wenn ich im Leben etwas verstanden habe, dann dies: Ich habe viel, viel Glück gehabt. Es ist nicht mein Verdienst, dass ich ein so genannter »anständiger Mensch« geworden bin. Im Umgang mit den Heimkindern im Gefängnis ist mir aufgegangen, wie viel Glück ich hatte, in einer normalen Familie aufwachsen zu dürfen. Wie viele kleine guten Dinge habe ich im Leben empfangen! Dass ich noch gesund bin, ist nicht mein Verdienst, sondern ein Geschenk. Es ist nicht unser Verdienst, sondern unser Glück, dass unsere Kinder nicht mit Drogen in Berührung gekommen sind. Ich verstehe nicht, dass Menschen sagen können: *Jeder ist seines Glückes Schmied.* Niemand kann sein Glück selbst schmieden. Dazu gibt es viel zu viel, was wir selbst nicht beeinflussen können. Es ist schon merkwürdig: Fällt einem etwas zu, sagt er: Das ist mein Verdienst. Stößt ihm etwas zu, fragt er: Womit habe ich das verdient?

Auf dem Flohmarkt sehe ich ein Bild, das früher in vielen Häusern hing: Die Jagd nach dem Glück. Auf diesem Bild ist eine Frau zu sehen, die mit flatternden Gewändern auf einer Kugel durch die Lüfte fliegt, und darunter ein Mann, der mit sehnsüchtig ausgestreckten Armen hinter ihr herjagt und versucht, sie zu erhaschen. Vergeblich. Das Glück ist nicht greifbar. Aber das begreifen wir nicht. Wir jagen weiter nach dem Glück und glauben, es in den Griff zu bekommen. Manchmal kommt uns die Dame Fortuna ganz nah und es gelingt uns sogar, ein Zipfelchen ihrer Gewänder kurz in der Hand zu halten. Wir sind überglücklich. Wir schweben. Aber unser Höhenflug ist nur von kurzer Dauer. Unsere Glücksmomente halten nicht lange an.

Beim flüchtigen Rausch schüttet unser Körper eigene Wunderdrogen, Endorphine aus, die eine ähnliche Wirkung wie die Morphine haben. Ihre Halbwertzeit beträgt nur fünf Minuten. Die körpereigenen Drogen beglücken uns beim Sex, betäuben den Schmerz bei der Geburt und anderen lebensgefährlichen Situationen. Und auch beim Sterben kommt es zum letzten Fest des Gehirns.

Immer wieder erzählen Menschen, die dem Tod nahe waren, dass sie in diesem Zustand ein Glücksgefühl erlebten wie noch nie in ihrem Leben. Ist dieser Glückszustand nur ein biochemischer Vorgang? Oder werden wir jenseits des Todes tatsächlich für immer und ewig glücklich sein, weil wir dann Gott von Angesicht zu Angesicht schauen und unsere Lieben wiedersehen? Oder werden wir nach dem Tod hier auf Erden wieder geboren? Warten wir mal ab und nutzen wir die Chance, hier und jetzt glücklich zu werden. Um glücklich zu sein, braucht es so wenig, dass es nicht einmal ein Wort dafür gibt. Jemand hat einmal gesagt: *Man spürt selten, was Glück ist; aber man weiß meistens, was Glück war.*

Weißt du, liebe Leserin, lieber Leser, wann du am glücklichsten warst? Was war der glücklichste Tag in deinem Leben? Ich kann es dir nicht sagen. Ich weiß nur, dass ich heute beim Laufen am Strand glücklich war. Das Kommen und Gehen des Meeres nahm mich mit. Ich fühlte mich leicht, wie von einer Welle getragen.

h

Hoffnung Unser aller Leben hat damit angefangen, dass unsere Mutter guter Hoffnung war. Merkwürdig. Statt voller Hoffnung zu sein, hat eine schwangere Frau guten Grund, Angst zu haben. Schließlich riskiert sie bei der Geburt ihr eigenes Leben. Und wird ihr Kind unbeschadet durch den engen Ausgang kommen? Dennoch sind die meisten Schwangeren guter Hoffnung. Sie hoffen, ein gesundes Kind zur Welt zu bringen. Jedes Kind verkörpert Hoffnung. Solange noch Kinder geboren werden, hat Gott die Hoffnung noch nicht aufgegeben. Jedes neugeborene Kind ist ein Hoffnungsträger. Jedes Kind könnte der Messias sein, glauben die Juden und darum ist Abtreibung verboten.

Hoffen kommt von »hüpfen«. Als Kinder haben wir gelernt, dass Sackhüpfen gar nicht so einfach ist. Wer zu schnell hüpft, fliegt auf die Nase, landet auf dem Boden der Tatsachen. Mit der Zeit lernen wir, nicht zu große Hoffnungen, zu große Sprünge zu machen. Im Nachhinein sehen wir, dass manche Hoffnung eine Illusion war. Und dennoch hören wir nicht auf zu hoffen. Auch wenn der erhoffte Zustand nicht eintritt oder nicht eintreten kann, geben wir die Hoffnung nicht auf. Wenn unser Blutbild oder das von einem nahe stehenden Menschen auf eine schwere Erkrankung hinweist, hoffen wir, dass beim Ergebnis eine Verwechslung vorliegt. Und wenn dann ein Tumor festgestellt wird, hoffen wir, dass er gutartig ist. Und ist er dann bösartig, hoffen wir auf die Operation. Und wenn sie nicht hilft, hoffen wir auf die Chemotherapie. Und dann auf die Bestrahlung. Und wenn auch sie nicht hilft, setzen wir unsere Hoffnung auf den Heilpraktiker. Und wenn wir dann am Ende erkennen, dass wir uns in einer hoffnungslosen Lage befinden, klammern wir uns an jeden Strohhalm, der irgendwie Hilfe verspricht. Zu guter Letzt hoffen wir auf ein Wunder. Auch wenn der Weg zu Ende ist und es nichts mehr zu hoffen gibt, hüpft der Mensch weiter, immer noch weiter. Wer die Hoffnung aufgibt, gibt sich selbst auf. *Als letztes stirbt die Hoffnung*, sagt ein russisches Sprichwort.

Ohne Hoffnung sind wir tot. Wir leben von der Hoffnung, jeden Tag neu! Wir hoffen, dass dieses oder jenes gut wird, wieder gut wird. Wir hoffen, dass manches besser wird. Oder so bleibt, wie es ist. Wir leben von der Hoffnung, dass wir und unsere Lieben von Krankheiten und Unfällen verschont bleiben. Wenn wir die Sirene eines Rettungswagens hören, dann ist unser erster Gedanke: Wo sind unsere Kinder? Es wird ihnen doch nichts passiert sein! Das heißt: Wir hoffen, dass es andere getroffen hat.

Ein junger Mann kam bei einem Verkehrsunfall ums Leben. Er war so schwer verletzt, dass man ihn kaum identifizieren konnte. Aber sein Ausweis, das Auto und auch ein Muttermal waren Beweis genug. Trotzdem hoffte die Mutter auch Tage nach seinem Tod noch, dass der Verunglückte nicht ihr Junge sei …

Immer wieder erlebe ich, wie Menschen in einer hoffnungslosen Lage die Hoffnung nicht fahren lassen. Im Gefängnis von Stammheim sagt mir Robert: »Wenn ich lebenslänglich bekomme, bringe ich mich um. Dann hänge ich mich auf. ›Lebenslänglich‹ schaffe ich nicht.« Robert hat lebenslänglich bekommen, spricht aber nicht mehr von Suizid: »Im Freiburger Gefängnis kann ich den Hauptschulabschluss nachholen und vielleicht sogar den Realschulabschluss.« Der Mensch ist ein Lebenskünstler. Er arrangiert sich immer wieder mit den gegebenen Umständen und gibt die Hoffnung nicht auf.

Im Café Maus erzählt mir die drogenabhängige Danny, dass sie schwanger ist. Die 29-Jährige hofft, dass ihr Kind ihr hilft, von der Droge wegzukommen. Diese Hoffnung mag eine Illusion sein, aber Danny ist guter Hoffnung.

Bernd ist mit 39 Jahren an Aids gestorben. Sein Sohn Marc ist 17. Er hat die Lehre abgebrochen, harte Drogen genommen und ist schon polizeibekannt. Marc scheint den gleichen Weg wie sein Vater zu gehen. Aber sein Opa ist voller Hoffnung, dass er doch noch den richtigen Weg findet.

Dara hatte gehofft, dass sie mit ihrer Liebe Frank vom Alkohol wegbringen kann. Aber Frank hat mit dem Trinken nicht aufgehört und ist jetzt gestorben. Und mit ihm sind ihre Hoffnungen gestorben. Aber Dara hofft, dass Frank jetzt dort ist, wo sein Durst für immer gelöscht sein wird.

Die Hoffnung hält die Menschen aufrecht. Auch im Angesicht des Todes. Nicht zu glauben, wie hoffnungsfroh, heiter, gelassen manche sterben können. Ich denke an Wolfgang. Obwohl er einen furchtbaren Schluckauf hatte, sang er mit mir »Großer Gott, wir loben dich«. Und auch das Lied »So nimm denn meine Hände«, das er sich für seine Beerdigung gewünscht hatte: »So nimm denn meine Hände und führe mich, bis an mein selig Ende und ewiglich …« Und er sang auch die dritte Strophe: »Wenn ich auch gleich nichts spüre von deiner Macht, du führst mich doch zum Ziele, auch durch die Nacht.« Auch durch die Nacht des Glaubens, des Zweifels, der Verzweiflung hindurch. Die Hoffnung macht nicht Halt vor dem Tod. Sie geht durch den Tod hindurch und führt uns hinüber ins Gelobte Land … Als wir von Wolfgang Abschied nahmen, erinnerte ich mich, was er mir einmal am Ende eines Briefes, rot unterstrichen, geschrieben hatte: »Es gibt eine Hoffnung und die heißt Jesus.« Der Name Jesus steht für die Hoffnung, dass wir eines Tages dorthin kommen, wohin er uns vorangegangen ist.

Am Ende von Miris Abschiedsfeier haben die Trauergäste Luftballons losgelassen. Und so stiegen 100 Ballons in den Farben des Regenbogens zum Himmel hinauf, in der Hoffnung, dass Miri dort oben gut angekommen ist. Die Buddhisten schauen zur Sonne, wenn ein Verstorbener verbrannt wird. Ob wir nun an eine Wiedergeburt oder an die Auferstehung glauben, letztlich sind alle Menschen der Erde getragen von einer großen Hoffnung, die weit über den Tod hinausgeht.

Wir können einen Menschen eher gehen lassen, wenn wir die Hoffnung haben, dass wir eines Tages nachkommen und uns wiedersehen. Immer wieder erlebe ich, wie viel Kraft und Zuversicht Todkranke und Sterbende aus der Hoffnung schöpfen, ihre Lieben wieder zu sehen. »Ich werde die erste sein«, sagt Helga unter der Sauerstoffmaske, »die den Wolfgang wiedersieht.« Diese Aussicht hat Helga den Schrecken vor dem Tod genommen und ihr geholfen, so zuversichtlich von dieser Welt zu gehen. Die Hoffnung auf ein Wiedersehen mit dem Dahingeschiedenen nimmt uns nicht die Trauer und den Schmerz des Verlusts. Aber ohne diese Hoffnung wäre die Trennung noch viel schmerzlicher.

Die Vorstellung, nach meinem Tod meine Eltern, meine verstorbenen Brüder und Freunde wiederzusehen, ist für mich eine große Lebenshilfe. Und ich hoffe, dass sie mir auch beim Hinübergehen hilft.

Liebe Leserin, lieber Leser, ich kenne dich. Du möchtest wissen, woher ich die Sicherheit habe, dass das Leben gut ausgeht und nicht in einer Sackgasse endet. Ich habe keine sichere, objektive Gewissheit, aber ich bin mir sicher, dass der Tod uns nicht tötet und es einen guten Ausgang gibt. Auch der Eingang ins Leben war sehr eng. Aber durch ihn sind wir zum Leben gekommen. Und so werden wir durch den dunklen Tunnel hindurch zum Licht kommen. Ich bin guter Hoffnung – wie meine Mutter damals.

Identität Viele Menschen haben ihre Identität verloren. Sie können nicht sagen, wer sie wirklich sind. Sie verweisen darauf, was sie alles haben. Armer Mensch, der (nur) ist, was er hat. Die Identität eines Menschen hängt doch nicht von seinem Besitz ab. Wir sind doch nicht das Auto, das wir fahren, oder das Haus, das wir bewohnen. Darum finde ich den Werbespruch auch so blöd: »Ich bin on. www.ich-bin-on.de«.

Ich bin nicht on. Ich bin ich. Und du bist du, liebe Leserin. Ich bin nicht du. Du, lieber Leser, und ich, wir beide haben zwar das gleiche Geschlecht, aber wir sind nicht gleich. *Der Unterschied zwischen dir und mir bin ich.* Das wirst *du* anders sehen. Ja, jeder Mensch geht von sich aus. Das ist menschlich. Hauptsache, wir lassen die anderen anders sein und erkennen ihre Unterschiedlichkeit an. Wichtig ist, dass wir wissen, wer wir sind.

Wer bin ich eigentlich? Was ist mir eigen? Das Wissen um die eigene Identität ist keine Egozentrik, die nur um das eigene Ich kreist. Es geht um das Bewusstsein, dass ich ich bin. Ich bin eine eigene Person und soll meine eigene Persönlichkeit entwickeln und entfalten. Ich bin auf der Welt, um ich selbst zu sein. Selbstverwirklichung heißt nicht, dass ich mich nur noch um die eigene Achse drehe. Selbstverwirklichung, die nicht über mein Ego hinausgeht, macht mich zum Egomanen.

Gerade in der Hingabe an andere kann ich mich selbst verwirklichen. »Ich werde am Du«, sagt Martin Buber. Durch andere bin ich der geworden, der ich bin. Ich brauche die anderen. Und sie brauchen mich. Wenn ich anderen helfe, helfe ich mir. Ich bin nicht selbstlos. Wenn ich mich selbst los wäre, hätte ich meine Identität verloren. Ohne *Ich* gibt es kein *Du* und kein *Wir*. Wenn ich einen Menschen liebe, gehe ich nicht in ihm auf. Ich bin ich. Und du, meine Liebe, bist nicht ich. Aber du und ich, wir sind ein Paar. Durch unsere gegenseitige Liebe geben wir unsere Persönlichkeit nicht auf. Du und ich, beide behalten wir unsere eigene Identität.

Wer bin ich? Bin ich der Mensch, den meine Identitätskarte ausweist? Größe, Augenfarbe, besondere Merkmale ... Das alles ist äußerlich, oberflächlich. Die Polizei kann meinen Ausweis kontrollieren, aber nicht meine Identität feststellen. Mein Pass sagt etwas über mein Aussehen, aber nichts über den Menschen Petrus. Auf dem Passbild schauen die meisten ganz nett aus. Nur tun sie manchmal Dinge, die nicht zum Bild passen, das sie von sich abgeben. Niemand ist so gut, wie er sich selbst sieht. Wir alle haben ein Idealbild von uns. Aber in Wirklichkeit ist keiner so edel wie das Wunschbild, das er von sich hat.

Ich bin nicht der, der ich sein möchte. Ich bin auch nicht der, für den ich mich halte. Aber wer bin ich denn? Bin ich, was andere in mir sehen? Bin ich, was andere von mir sagen? Bin ich, was ich von mir weiß? Bin ich Christ? Ist das meine Identität? Wenn ich Muslim würde, bekäme ich dadurch doch kein anderes Ich. Und dennoch hat der Muslim andere Wurzeln als ich. Bin ich mein Körper? Bin ich mein Gen-ABC? Selbst wenn ich es entziffern könnte, wüsste ich dann, wer ich bin? Und warum habe ich nicht die Gene meines Bruders? Warum bin ich ich? Wäre ich gerne ein anderer? Wer? Mir fällt niemand ein.

Und du, lieber Leser? Wärst du lieber ein anderer? Solange du ein anderer sein möchtest, kannst du nicht du selbst sein. Selbst wenn du, liebe Leserin, die Prinzessin wärst, die du schon immer sein wolltest, vergiss nicht: Du bist mehr, als du willst.

Ich stehe vor dem Spiegel und frage mich: Bin ich das, der mich da anschaut? Ich kenne mein Spiegelbild schon lange, aber irgendwie ist es mir immer noch fremd. Mein Gegenüber zeigt mir, wie ich mich mit der Zeit verändere. Durch die Jahre bin ich ein anderer geworden, und dennoch bin ich immer noch der Gleiche. Wie sehr ich mich auch in Zukunft noch verändere, ich bleibe immer der, der ich bin. Wer bin ich? Das frage ich *mich*. Wieso frage ich mich? Weiß das eine Ich, was das andere nicht weiß? Habe ich zwei Ichs? Nicht selten höre ich zwei Stimmen in mir. Das eine Ich sagt: Du bist o.k. Das andere Ich sagt: Du bist unmöglich. Manchmal singt das eine Ich in mir, während das andere Ich weint. Das eine Ich sagt: Glaub an Gott! Das andere Ich behauptet: Es gibt keinen Gott. Das eine Ich ist ganz stark, das andere so ängstlich. Das eine Ich will das Gute, das andere tut das Böse.

Das eine Ich hält dem anderen einen Spiegel vor. Bin ich das gewesen, der damals ...? War das wirklich ich? Es fällt mir schwer, mein damaliges Ich anzunehmen. Aber ich kann es nicht abkoppeln.

Der Mensch, der ich heute bin, ist gefesselt an den, der ich gestern war. Beide sind unzertrennlich miteinander verbunden, beide sind eins. Auch wenn ich mich mit dem Gewesenen nicht mehr identifizieren kann, gehört es trotzdem zu meiner Identität.

Und dann ist da noch das Ich, das mir nicht selten ein schlechtes Gewissen bereitet. Das Ich, das mir vor Augen hält, wer ich sein sollte. Und wer ich sein könnte. Dieses bessere Ich fordert mich heraus und setzt mich oft auf die Anklagebank. Nicht, weil ich so viel Böses tue, sondern weil ich nichts tue und Gutes unterlasse. Ich bin oft so lahm, lau, lieblos. Darum hat mein besseres Ich es oft schwer, mich zu bejahen, so wie ich bin. Da hilft mir der Glaube, dass Gott mich annimmt als der Mensch, der ich bin.

Wer bin ich? Ich heiße Petrus, aber meine Familie nennt mich Paul. Meine Mutter wollte einen Paulus. Doch mein Vater ging nach meiner Geburt erst einmal mit dem Fahrrad auf Kneipentour. Und als er dann schließlich auf dem Rathaus ankam, um seinen neugeborenen Sohn anzumelden, muss er die Apostel Petrus und Paulus wohl verwechselt haben. Ich bin aber meinem Vater heute noch dankbar für seine krumme Tour, denn ich bin ein Petrus und ebenso eigensinnig wie mein Namenspatron.

Weißt du eigentlich, lieber Leser, wie du zu deinem Namen gekommen bist? Magst du deinen Namen? Vielleicht sagst auch du: Zunächst hat mein Name mir gar nicht gefallen, aber mit der Zeit bekam ich das Gefühl, dass mein Name ganz gut zu mir passt. Die meisten Menschen hängen an ihrem Namen, manche hängen sogar an einem

Buchstaben: Ich heiße *D*anja, nicht *T*anja. Ich heiße Günter, aber ohne *h*. Ich heiße G*u*nther und nicht G*ü*nther. Viele möchten ihren vollen Namen hören: Ich heiße *Martina* und nicht *Tina*. Mein Name ist *Barbara* und nicht *Bärbel*. Und *Babs* kann ich gar nicht hören. Ich heiße *Maximilian*, und nicht *Max*. Und wehe dem, der *Mäxle* zu mir sagt!

Katrin sagt: »Wenn mich jemand Katrin ruft, fühle ich mich nicht so angesprochen, als wenn ich *Trini* oder *Tati* höre. Damit kann ich mich mehr identifizieren.« Mein Name sagt mir, dass ich nicht irgendwer bin, sondern eine ganz bestimmte Person, ein einmaliger, einzigartiger Mensch. Durch meinen Namen bin ich nicht austauschbar, nicht verwechselbar. Mein Name hilft mir, meine Identität zu finden, herauszufinden, wer ich eigentlich bin. In einer Vorstellungsrunde sage ich nicht mehr wie früher: Ich heiße Petrus, sondern: Ich bin Petrus.

Am Ende einer Trauerfeier lese ich oft die Worte vor, die wie ein Vermächtnis klingen: »Ich bleibe, wer ich bin, und auch ihr bleibt dieselben. Das, was ich für euch war, bin ich immer noch. Was wir einander bedeuteten, bleibt bestehen. Nennt mich bei meinem vertrauten Namen. Sprecht in der gewohnten Weise mit mir und seid nicht feierlich oder traurig. Lacht weiterhin über das, worüber wir gemeinsam gelacht haben. Ich bin nicht weit weg, nur auf der anderen Seite des Weges.« Ja, und wenn ich dann auf der anderen Seite bin, werde ich bei mir sein und wissen, wer ich wirklich bin. Dann werde ich mein eigentliches Ich entdecken, meine wahre Identität.

j

Jetzt Beim Buchstaben J war ich hin und hergerissen zwischen Ja oder Jetzt. Letztlich habe ich mich dann doch für Jetzt entschieden. Obwohl das Ja nicht weniger wichtig ist. Oder gehören nicht beide ohnehin zusammen: Ja jetzt! Jetzt ja! Ja, ich lebe jetzt. Ich sage jetzt Ja zum Leben, trotz allem, was dagegen spricht. Trotz allem, was ich an mir selbst nicht mag, sage ich Ja zu mir. Nur wenn ich Ja sage zu mir selbst, kann ich andere bejahen. Wenn ich mich selbst ablehne, kann ich den Nächsten nicht lieben wie mich selbst.

Dem geliebten Menschen das Ja-Wort zu geben, fällt vielen offenbar schwer. Ist ja auch ein starkes Stück. Schließlich weiß man nicht, wie der Partner sich mit den Jahren verändert oder wie man selbst wird. Liebe Leserin, lieber Leser, vielleicht hast du inzwischen auch schon erfahren, wie schwer es ist, das gegebene Ja-Wort auf Dauer durchzuhalten. Aus dem Ja wird leicht ein *Jaja* oder ein *Naja*. Oder ein *Ja, aber*. Oder sagst du heute erst recht Ja zu dem Menschen, mit dem du vor dem Altar standest?

Bei unzähligen hat sich das Ja in ein Nein verwandelt. Nein, wie konnte ich damals bloß so blöd sein, zu diesem Menschen Ja zu sagen! Das kann ich mir nicht verzeihen!

Unverzeihlich erscheint mir auch der eine oder andere Fehltritt, den ich begangen habe. Obwohl er schon so lange zurückliegt, geht er mir immer noch nach. Auch wenn ich ihn noch so sehr bereue, ich kann ihn nicht rückgängig machen. Er gehört zu meinem Weg. Trotzdem gehe ich meinen Weg in Gedanken manchmal zurück und mache mir Vorwürfe: Ach, hätte ich nur … Wäre ich doch … Warum habe ich nicht … Ich kann in meinem Leben nur einen Weg gehen. Und ich kann ihn nur weiter gehen, wenn ich ihn bejahe. Darum will ich mich mit meinem Leben versöhnen und mich aussöhnen mit mir selbst.

Auch die Versöhnung mit anderen macht mir meinen Weg leichter. Und darum räume ich aus, was zwischen mir und dem anderen steht. Was immer da zwischen uns gewesen sein mag, ich trage es dir nicht nach und ich möchte, dass du mir auch verzeihst. Das, was war, ist vergangen. Ich verschiebe die Versöhnung nicht auf später, denn eines Tages könnte es zu spät sein. Heute ist der Tag. Jetzt die Zeit. Ja, jetzt!

Ja zu sagen zu seinem Alter fällt auch nicht jedem leicht. Für manche ist der 30. Geburtstag bereits ein Drama. Mir war bei meinem 40. gar nicht nach Feiern zumute. Mein 60. Geburtstag ist auch nicht spurlos an mir vorübergegangen. Natürlich haben die Freunde mir gesagt: »60 Jahre, das ist doch noch kein Alter!« Diesen Spruch höre ich nun schon seit 30 Jahren. Und auch nach meinem Tod wird es immer noch heißen: Das ist doch noch kein Alter! Je älter ich werde, umso mehr schummele ich.

Mit 17 sagte ich: »Ich bin fast zwanzig.«

Mit 29 gab ich an: »Ich bin noch keine dreißig.«

Mit 47 sagte ich: »Ich bin gut vierzig.«

Mit 60 gebe ich an:»Ich bin erst dreißig mal zwei.«

Angabe ist ja auch eine Gabe.

In meinem Alter rückt der Tod ein ganzes Stück näher. Wenn ich an mein Lebensende denke, wird es mir fast schlecht. Ich habe Angst, dass mein Leben auf der Intensivstation oder im Pflegeheim zu Ende geht wie bei so vielen anderen. Nein, ich möchte nicht so daliegen und künstlich ernährt werden. Ja, ich habe Angst, dass man mich nicht sterben lässt. Aber vielleicht hat der Tod für mich einen ganz schnellen Abgang ausgeheckt. Aber daran will ich jetzt noch nicht denken. Vor kurzem stand ich in der Küche und wurde plötzlich von dem Gedanken überfallen: Heute, jetzt kann ich sterben. Ich schob den Gedanken beiseite. Jetzt doch nicht. Vielleicht in nächster Zeit, aber doch heute nicht. Dabei habe ich das nötige Alter. Wie oft stand ich schon am Sarg eines Menschen, der einen Sekundentod starb und jünger war als ich. Jetzt kann ich sterben. Ja, ich weiß es, aber glauben kann ich es nicht. Und wenn der Sensenmann mich dann doch von jetzt auf gleich holen sollte, hoffe ich, dass er mir noch die Zeit lässt, zu sagen: Schön war es! Jawohl!

Jetzt kann ich sterben, aber kann ich jetzt auch leben, jetzt und hier? Ja, als Kind konnte ich noch im Augenblick leben. Da staunte ich, was es alles zu entdecken gab, und dachte nicht an morgen. Wir Große leben viel zu sehr in der Zukunft und zerbrechen uns den Kopf über das, was auf uns zukommt. Schließen wir unsere Sorgen in eine schwarze Truhe und werfen wir den Schlüssel weg. »Nur, wer nicht in der Zeit, sondern in der Gegenwart lebt, ist glücklich«, weiß Ludwig Wittgenstein. Und Meister Ekkehard lehrt uns: »Der wichtigste Augenblick in deinem Leben ist eben der jetzt.« Die Kostbarkeit der Gegenwart auskosten, das ist die Kunst des Lebens. Wann sollten wir damit anfangen, wenn nicht heute? Wann, wenn nicht jetzt? Jetzt ist der Moment.

Manchmal spüren wir, dass in diesem Augenblick etwas Außergewöhnliches geschieht. Wir sind außer uns vor Freude und könnten die ganze Welt umarmen. Mancher Augenblick ist so schön, dass wir ihn am liebsten festhalten möchten, nicht nur mit der Kamera. Manche Momente sollten ewig währen. Aber sie vergehen schnell. Zwei bis drei Sekunden dauert das Jetzt. Und dennoch gibt es Augenblicke, von denen wir ein Leben lang leben.

Und manchmal genügt ein einziger Augenblick, um unser ganzes Leben auf den Kopf zu stellen. Von einem Moment zum anderen ist alles anders. Nichts ist mehr so, wie es vorher war. Niemals wird es wieder so sein, wie es einmal war. Ein Erdbeben hat mein Lebenshaus zerstört. Ich bin erschüttert. Fassungslos stehe ich vor den Trümmern meiner Träume. Warum? Warum jetzt? Ausgerechnet jetzt? Ich tappe im Dunkeln. Wozu soll das denn gut sein? Ich kann keinen Sinn erkennen. Ist doch alles sinnlos.

Manchmal geht mir im Nachhinein ein Licht auf. Mir leuchtet ein, was die ganze Zeit so duster war. Jetzt ist mir alles ganz klar. Der Nebel hat sich gelichtet. Ich blicke durch. Es gibt Lichtblicke. Aber auch wenn unsere Einsichten sich langsam zu einem Ganzen zusammenfügen und unser Lebenspuzzle sich Stück für Stück zusammensetzt, bleibt trotzdem die Frage: Was soll das Ganze? Was ist der Sinn? Den können wir nicht erkennen. All unser Erkennen ist Stückwerk. »Jetzt schauen wir in einen vagen Spiegel und sehen nur rätselhafte Umrisse, dann aber schauen wir von Angesicht zu Angesicht« (1 Kor 13,12). Ja, jetzt ist vieles noch unklar. Wir rätseln herum, was das Leben bedeutet. Und auch der Mensch ist ein großes Rätsel. Erst wenn wir drüben sind, wird uns alles offenbar werden. Dann werden wir schauen, was wir jetzt glauben.

Ein Mensch in Not bittet mich um Hilfe. Ich sage ihm: *Jetzt kann ich dir nicht helfen.* Er antwortet: *Ich brauche nicht irgendwann deine Hilfe, sondern jetzt!*

Manchmal bist du, lieber Leser, der Einzige, der den Hilferuf hört. Manchmal ist niemand anders in der Nähe und du bist der Nächste! Dein Nächster braucht deine Hilfe. Jetzt, nicht demnächst! »Worauf wartest du?«, fragt der Vorübergehende den Mann am Straßenrand. »Auf dich!«, antwortete er. Ja, liebe Leserin, auf dich wird gewartet. Du bist gefragt! Wer soll helfen, wenn nicht du? Wann, wenn nicht jetzt? Ja, jetzt!

k

Kraft Eine Frau mit Brustkrebs sagt: »Im Nachhinein wundere ich mich, wie ich das alles überstanden habe. Erst der Schock der Diagnose, dann die Brustamputation, dann die Chemotherapie und dann später noch die Bestrahlung. Ich hatte Angst, mich im Spiegel anzuschauen: ohne Brust, ohne Haare. Und dann die Angst vor dem Tod …«

Dieters Mutter erzählt mir, wie sie Tag und Nacht an seinem Sterbebett saß: »Es tut so weh, wenn du als Mutter dein Kind so liegen und leiden siehst. Du musst zusehen, wie dein Junge langsam wegstirbt. Und dann noch die Beerdigung. Das war für mich das Schwerste, hinter dem Sarg von meinem Kind herzugehen. Für eine Mutter gibt es nichts Schlimmeres, als ins Grab des eigenen Kindes zu schauen. Heute könnte ich das nicht mehr, aber damals hatte ich die Kraft.« Wir haben auch schon vieles geschafft. Aber wohl nicht nur aus eigener Kraft. Andere haben unsere Last mitgetragen. Oder wurde uns die nötige Kraft von oben gegeben? Vielleicht ist es so, wie Bonhoeffer sagt: *Gott gibt uns in jeder Situation so viel Kraft, wie wir brauchen, aber er gibt sie uns nicht im Voraus.*

Die Liebe zwischen zwei Menschen gibt auch viel Kraft, sie macht das Leid erträglich. Und auch wenn einer dem anderen das Kreuz nicht abnehmen kann, so kann er die Last doch mit ihm tragen. Liebe lässt Menschen über sich selbst hinauswachsen. Als ich eine Frau frage, wie sie es geschafft hat, fünf Wochen lang Tag und Nacht bei ihrem krebskranken Mann zu bleiben, antwortet sie mit einem Lächeln: »Wenn der Mensch, den du liebst, dich braucht, kannst du alles.«

Viele Paare sind jahrzehntelang miteinander durch Höhen und Tiefen gegangen. Sie haben Freud und Leid miteinander geteilt. Es kostet unheimlich viel Kraft, den Menschen loszulassen, der einem selbst ein Halt war und an dem man sich so festgehalten hat. Von jedem Paar bleibt am Ende eine oder einer alleine zurück. Das ist nur schwer zu verkraften. Nicht selten gibt der heimgegangene Partner dem anderen die nötige Kraft, den Weg ohne ihn weiterzugehen. Und auch die Zuversicht auf ein Wiedersehen gibt dem Hinterbliebenen Kraft.

Es hat keinen Sinn, dass wir uns auflehnen gegen das, was unabänderlich ist. Damit vergeuden wir nur unsere Kraft. Wir brauchen unsere volle Kraft, um das zu tragen, was uns auferlegt ist oder was wir uns selbst aufgebürdet haben. Die selbst gebastelten Kreuze wiegen am schwersten. Wir können unser Kreuz nur tragen, wenn wir es bejahen. Es kann sehr viel Kraft kosten, Ja zu sagen zu seinem Schicksal und es anzunehmen. Ich denke an Beate. Sie war HIV-positiv und sah nur noch schwarz. Und was würde nach ihrem Tod aus ihrem 6-jährigen Jungen werden? Beate war so verzweifelt, dass sie zusammen mit ihrem Jeri aus dem Fenster sprang. Ihr Jeri starb, aber

Beate überlebte, schwer verletzt. Sie saß im Rollstuhl, kam ins Gefängnis und wollte sich immer wieder das Leben nehmen, um bei ihrem Jeri zu sein. Als Beate schon Aids hatte, bekam sie auch noch Krebs... Operation, Chemotherapie und Bestrahlung. Gerade bei der Bestrahlung musste Beate viele schmerzliche Erfahrungen machen und manche peinliche Bemerkung ertragen. Alles in allem hat Beate unendlich viele Schmerzen an Leib und Seele ausgehalten und dennoch ist sie aufrecht geblieben. Viele, viele andere gehen an weitaus weniger zugrunde. Sie zerbrechen an einer Krankheit. Beate war eine starke Frau. Die Geschichte von der Steinpalme hat ihr geholfen, ihr Schicksal anzunehmen.

»Es war einmal eine kleine Palme, die nicht wachsen konnte. Ein sehr schwerer Stein lag in ihrer Krone. Die kleine Palme versuchte, den Stein abzuschütteln. Sie bat den Wind, ihr zu helfen. Aber es gab keine Hilfe. Gib es auf, sagte sich die kleine Palme, es ist zu schwer. Es ist dein Schicksal, so früh zu sterben. Füge dich! Lass dich selber los. Der Stein ist zu schwer. Aber da war eine andere Stimme, die sagte: Nein, nichts ist zu schwer. Du musst es nur versuchen, du musst es tun. Wie soll ich es tun?, fragte die Palme, der Wind kann mir nicht helfen. Ich stehe allein in meiner Schwachheit. Ich kann den Stein nicht abwerfen. Du musst ihn nicht abwerfen, sagte wieder die andere Stimme. Du musst die Last des Steines annehmen. Dann wirst du erleben, wie deine Kräfte wachsen. Und der junge Baum nahm in all seiner Not seine Last an und verschwendete keine Kraft mehr an das Bemühen, den Stein abzuschütteln. Dann kam der Tag, an dem die Wurzeln auf eine Wasserader stießen. Da begann der Baum nach oben zu wachsen. Sein Stamm gewann mehr und mehr an Umfang.

Der Baum hatte seine Last angenommen und hoch hinaus getragen. Sie lag auch heute noch auf seinem Herzen, aber sie war in seinem Dasein an eine Stelle gerückt, die sie tragbar machte. Nur die äußere Last erscheint uns untragbar. Ist sie angenommen, wird sie Teil von uns selbst.«

In dieser Geschichte hat Beate sich offenbar wiedergefunden. Beate hat ihre schwere Last angenommen und dadurch sind ihr unglaubliche Kräfte zugewachsen. Sie ist mit ihrem Schicksal, mit ihrer Last gewachsen und ist weit über sich hinausgewachsen.

Ich frage mich oft, wie hält dieser Mensch das alles aus. Woher nimmt er die Kraft, das alles zu verkraften. Wie schafft sie das nur, immer noch zu lächeln.

Wenn ich bedenke, welch schwere Last andere
seit Jahren mit sich schleppen,
vergesse ich mein Päckchen.

Wenn ich höre,
was andere in ihrem Leben
alles zu verkraften haben,
vergesse ich meine Problemchen.

Wenn ich sehe,
welche Schmerzen andere
Tag für Tag aushalten müssen,
vergesse ich meine Wehwehchen
und schäme mich.

Anderen helfen ist für mich eine Quelle, aus der ich Kraft schöpfe. Manche sind ganz unten, aber sie rappeln sich immer wieder hoch. Andere fallen und stehen jedes Mal wieder auf. Ich sehe, dass auch der Glaube vielen Kraft gibt. Kranke richten sich am Gekreuzigten auf. Er hilft ihnen, ihren Weg aufrecht zu Ende zu gehen. Manche gehen singend heim.

Lieber Leser, mit zunehmendem Alter lässt die Kraft nach. Du merkst es vielleicht gar nicht, aber die anderen. Auch das Nervenkostüm ist nicht mehr so gut, wie es einmal war. Die Haut wird dünner. Ich weiß nicht, wie alt du bist oder wie jung du dich fühlst. Aber auch du brauchst Kraft, um jeden Morgen aufzustehen und jeden Tag neu zu bestehen. Du brauchst einen guten Magen, um all die schlechten Nachrichten zu verdauen. Ich wünsche dir die nötige Kraft, um immer wieder deine lieben Mitmenschen zu verkraften, die es doch nur gut mit dir meinen.

Liebe Leserin, wie du weißt, kostet es manchmal eine Menge Kraft, sich selbst zu ertragen. Wenn du dich selbst auf den Arm nimmst, hast du es leichter. Und vergiss nicht die täglichen Tropfen Lebenssaft. Ohne Humor trocknest du aus wie eine Blume ohne Wasser. Gott hat einen trockenen Humor. Er hat dich geschaffen mit einem Lächeln.

l

Liebe Wenn wir überhaupt etwas brauchen, dann ist es Liebe. Und wir können gar nicht genug bekommen. Kein Mensch kann uns so lieben, wie wir geliebt werden möchten. Und wir können keinem so viel Liebe geben, wie er braucht. Unser Liebeshunger ist unersättlich. Wir können das »Ich liebe dich« nicht oft genug hören. Oder hast du, liebe Leserin, deinem Geliebten schon einmal geantwortet: »Du brauchst mir nicht zu sagen, dass du mich liebst. Das weiß ich schon. Du hast es mir schon gesagt!«?

Andere können das »Ich liebe dich« nicht mehr hören. Zu oft schon haben sie diese Worte gehört. Und jedes Mal wurden sie enttäuscht. Enttäuschung kommt von Täuschung. Verliebte machen sich selbst etwas vor und sehen nicht, wie blind sie sind. Erst allmählich gehen ihnen die Augen auf und sie nehmen wahr, dass ihr Goldstück auch ein paar Macken hat. Und auch Schnuckiputz ist nur ein Mensch.

Einen Menschen lieben heißt nicht: ein Wunschbild anbeten, sondern den anderen lieb haben, so wie er ist, auch mit seinen weniger guten Seiten. Das ist der Sinn, wenn wir sagen: »Ich hab' dich ganz lieb.« Einen halben Menschen kann man nicht lieben, ebenso wenig wie man nur seinen Körper lieben kann. Wahre Liebe macht nicht blind, sondern sehend. Die Liebe öffnet uns die Augen für das, was andere nicht sehen. Mit einem Blick entdecken wir, was Gott alles in unserem Liebling angelegt hat. Anlagen, Gaben, Schätze,

Perlen. Nicht umsonst sagen die Franzosen: »mon trésor«, meine Schatztruhe. Die Deutschen sagen: »Mein Schatz«, die Schwaben sind etwas sparsamer und sagen: »Mein Schätzle«. Manche wissen ihr Schätzle erst zu schätzen, nachdem sie es verloren haben.

Die Liebe lässt uns den anderen so sehen, wie Gott ihn geschaffen hat. Und so möchten wir auch von unserem Geliebten erkannt werden. Das Wort *erkennen* bedeutet auf hebräisch sowohl Gotteserkenntnis als auch die geschlechtliche Vereinigung. Wenn zwei Menschen eins werden, erkennen sie Gott. Die liebende Vereinigung ist göttlich. Der Mensch möchte erkannt, geliebt werden, so wie er ist. Mit seinen Fehlern und Schwächen. Diese Liebeserfahrung ist die schönste Lebenserfahrung. Ich mag sein, wie ich will, aber ich werde geliebt. Ich bin wert, geliebt zu werden. Wenn wir den anderen als einen liebenswerten Menschen sehen, übersehen wir seine Pickel und Falten ... und können selbst diese noch lieb gewinnen.

Solange wir das Liebenswerte im anderen sehen, wollen wir aus ihm keinen anderen machen. Hinter dem Bemühen, den anderen zu ändern, steckt nur Eigenliebe. Ich möchte den anderen gerne so haben, wie ich bin. Dabei vergesse ich, dass ich den anderen einmal geliebt habe, weil er so anders ist als ich.

Ist Liebe tatsächlich (nur) verschleierte Selbstliebe? Gibt es wahre Liebe? Warum liebt ein Mensch den einen und nicht einen anderen? Das kann eigentlich niemand genau erklären. Vielleicht hat es etwas mit der Geschichte zu tun, die der alte Plato (427–347 v. Chr.) uns erzählt: »In den alten Zeiten hatte der Mensch vier Arme, vier Beine, beide Geschlechter und konnte sich selbst vermehren. Den Göttern war der Mensch zu stark, und so wurde er geteilt, um ihn zu schwächen. Apollo formte also die halben Körper, männliche und weibliche, und zerstreute sie über die Welt. Die getrennten Teile konnten sich nicht mehr erkennen. Nur eine Art Instinkt brachte sie dazu, sich einander zu nähern und zu vereinigen. Findet der Mensch seine wahre Hälfte, so hört die Liebe nimmer auf.«

Eine fabelhafte Geschichte. Wirklich wahr. Also es gibt sie doch, die wahre Liebe: wenn einer seine wahre Hälfte findet. Doch das geschieht nur selten. Wenn einer sich aber im anderen wieder findet, dann sind beide ganz glücklich. Einer ergänzt den anderen. Manche finden ihr Gegenstück schon mit 17, andere haben es mit 57 noch nicht gefunden. Andere haben schon den richtigen Instinkt, aber auch Pech: Die andere Hälfte erkennt nicht, dass beide zusammengehören. Nicht wenige finden, was sie nicht suchen. Aber immer wieder finden sich doch zwei. Manche versuchen ihr Glück über eine Kontaktanzeige: *ER, 47, mit Tränensäcken, sucht verständnisvolle Sie mit Lachfalten.*

Ohne seine wahre Hälfte ist der Mensch nur ein halber Mensch. Nicht umsonst sind so viele auf der Suche nach ihrer verlorenen Hälfte. Auf der Straße, bei der Arbeit, im Urlaub, in der Kur, im Ausland, im Internet, im Chatroom … Und wenn einer endlich seine passende Hälfte gefunden hat, passt es vielfach den anderen nicht. Sieht er denn nicht, wie hässlich die ist? Was er in *der* nur gesehen hat? Dabei hat er in ihr nur seine andere Hälfte gesehen … Die passende Hälfte passt oft nicht ins Bild. Manchmal fallen beide aus dem Rahmen. Eine schwäbische Bauerntochter tritt mit einem Schwarzafrikaner vor den Altar. Die bessere Hälfte von einem evangelischen Vikar ist katholisch. Ein Deutscher heiratet eine Türkin. Eine Frau gibt einem Frauenmörder ihr Ja-Wort.

Nur selten findet der Mensch seine wahre Hälfte. Viele haben die Sucherei längst aufgegeben. Andere suchen gar nicht, und plötzlich läuft ihnen doch ihre andere Hälfte über den Weg. Findet sich die wahre Hälfte, so hört die Liebe nimmer auf. Auch der Tod kann zwei Menschen, die zusammengehören, nicht trennen. Sie bleiben in Liebe miteinander verbunden. Doch nicht immer geht die Liebe über den Tod hinaus. Da schreibt ein Mann auf den Grabstein der Frau: »So eine wie dich werde ich nicht mehr finden und auch nicht mehr suchen.« Und wie ist es mit dem Witwer, der ein zweites Mal geheiratet hat? Wie soll das funktionieren, wenn alle drei drüben sind und er plötzlich zwei Ehefrauen hat? Vielleicht ist das die himmlische Dreieinigkeit!

Ich weiß, lieber Leser, du zweifelst. Du hältst die Geschichte mit der wahren Hälfte nur für halb wahr. Vielleicht glaubst du sie erst ganz, wenn Petrus dir die Himmelstür aufmacht und deine andere Hälfte auf dich zugeflogen kommt und dich umarmt.

Das Schöne an der Liebe ist, dass einer vor dem anderen nicht immer stark sein muss, sondern auch schwach sein kann. Wenn zwei sich richtig lieben, können sie voreinander weinen und sich beieinander ausheulen. Gerade als Seelsorger für Aidskranke sehe ich, was die Liebe zwischen zwei Menschen alles vermag. Immer wieder wundere ich mich, was einer dem anderen zuliebe alles aushält. Ich staune, wie stark die Liebe Menschen macht, die noch so schwach sein mögen. Ich weiß sehr wohl, dass es nicht immer nur die reine Liebe ist, die zwei Menschen bis zuletzt zusammenhält. Aber es gibt eine innere Kraft in uns und zwischen uns Menschen, die uns einfach füreinander da sein lässt. Diese Kraft nennen wir Liebe. Und sie ist wunderbar, bewirkt Wunder.

Nicht selten wird bei einer Beerdigung das Lied gesungen: *Ich bete an die Macht der Liebe.* Gerade auf der letzten Strecke, hinauf nach Golgota, offenbart sich, was echte Liebe ist. Sein Bestes geben, ohne etwas zurückzubekommen oder auch nur das Geringste zurückzuerwarten. Ohnmächtig stehen wir da und müssen zusehen, wie der geliebte Mensch daliegt und leidet. Gerade im Tod, auf dem Gipfel der Ohnmacht, spüren wir die Macht der Liebe. Die Liebe ist ohne Macht mächtig. Wie mächtig, übermächtig Liebe sein kann, haben wir alle schon erfahren und wohl auch erlitten. »Einen Menschen lieben, heißt, ihm sagen: Du wirst nicht sterben.« Dieses tiefgründige Wort von Gabriel Marcel ist nicht nur ein Wunsch, sondern eine Hoffnung, die weit über den Tod hinausgeht. Auch über den eigenen Tod. Du wirst nicht sterben, auch dann nicht, wenn du in meiner Erinnerung nicht mehr weiterlebst und ich selbst gestorben bin.

Mitgefühl Mit Gefühl. Mit dem Kopf allein können wir nicht leben. Wir brauchen das Herz. Das Herz ist mehr als eine Pumpe, die den Blutkreis rund um die Uhr in Gang hält. Das Herz ist die Mitte unserer Person, der Sitz unserer Gefühle und Empfindungen. Wir brauchen ein Herz, das mitfühlt. Die Fähigkeit, am Los der anderen Anteil zu nehmen, macht uns erst zum Menschen. Der Umgang mit Leidenden macht uns menschlicher. Trotzdem steht Mitgefühl nicht hoch im Kurs. Die meisten möchten mit leidenden Menschen nicht in Berührung kommen. Cool sein heißt die Devise.

Viele schauen weg, wenn sie einen Menschen in Not sehen. Nicht wenige zeigen dem Bettler die kalte Schulter. Bettler machen uns oft hilflos. Wir können doch nicht allen, die uns anbetteln, etwas geben. Nein. Aber ich kann wenigstens *einen* armen Schlucker ansprechen und hören, was er mir zu sagen hat. Es tut ihm gut, wenn ich an ihm nicht vorübergehe, sondern mich für ihn interessiere. Wenn ich ihm ein offenes Ohr schenke, gibt ihm das mehr als ein paar Münzen. Durch das Gespräch mit dem Bettler kann mir aufgehen, dass ich an seiner Stelle sitzen könnte. Sein Schicksal hätte das meine sein können. Sein Unglück hätte auch mich treffen können. Auch wenn ich seine Notlage nicht ändern kann, kann ich mich in ihn hineinversetzen und die Welt mit seinen Augen sehen, wenigstens für ein paar Augenblicke. Und plötzlich sehe ich mich mit anderen Augen.

Auch die Geschichte von Rainer Maria Rilke und der Bettlerin kann uns die Augen öffnen und unser Herz weiten: Rainer Maria Rilke ging in Paris regelmäßig über einen Platz, an dem eine Frau saß, die um Geld bettelte. Sie saß immer am gleichen Ort, ohne je aufzublicken, ohne ein Zeichen des Bittens oder des Dankes zu äußern. Rilke gab ihr nie etwas, seine französische Begleiterin warf ihr häufig ein Geldstück hin. Eines Tages brachte Rilke eine eben aufgeblühte weiße Rose mit, legte sie in die offene, ausgezehrte Hand der Bettlerin und wollte weitergehen. Die Bettlerin blickte auf, erhob sich mühsam von der Erde, tastete nach der Hand des fremden Mannes, küsste sie und ging mit der Rose davon. Eine Woche lang war die Bettlerin verschwunden. Nach acht Tagen saß sie wieder wie zuvor an der gewohnten Stelle. »Aber wovon hat sie denn in all den Tagen gelebt?«, fragte die Französin. Rilke antwortete: »Von der Rose.«

Helfenden wird manchmal geraten: *Mitfühlen ja, mitleiden nein.* Natürlich hat auch der andere nichts davon, wenn ich so mit ihm mitleide, dass ich an seinem Leid selbst zugrunde gehe. Wenn ich selbst am Boden bin, kann ich den anderen nicht mehr aufrichten. Mit einem Menschen mitleiden ist etwas anderes als Mitleid mit ihm haben. Menschen in Not möchten nicht bemitleidet, bedauert werden. Sie haben sogar Angst vor dem Mitleid, das sich von oben herabneigt. Solches Mitleid kränkt, macht Kranke noch kränker. Einem Notleidenden hilft kein Mitleid. Was ihm hilft, ist ein Mensch, der mit ihm mitfühlt und sein Leid mit ihm trägt.

Was mitleiden eigentlich bedeutet, macht Martin Buber in seinen Erzählungen der Chassidim deutlich: Wenn immer Mosche Löb einen leiden sah, an der Seele oder am Leibe, nahm er daran mit solcher Inständigkeit teil, dass das Leid zu seinem eigenen wurde. Als ihm jemand einmal seine Verwunderung darüber aussprach, dass er immer so mitleiden könne, sagte er: »Wie denn mitleiden? Das ist doch mein eigenes Leid. Wie kann ich denn anders, als es leiden.«

Was der andere leidet, ist mein eigenes Leid. Sein Schmerz tut mir weh. Sein Unglück, sein Unfall, seine Krankheit hätten auch mich treffen können. Und darum ist es eigentlich selbstverständlich, dass ich an seinem Leid Anteil nehme. Ich weiß: Wir können uns nicht jedes Leid zu Eigen machen. Aber wir können uns doch wenigstens auf den einen oder anderen einlassen und versuchen, das Notwendige zu tun, um seine Not zu lindern. Es bleibt nicht nur beim Mitgefühl. *Wer fühlt, was er sieht, tut, was er kann.* Ich kann die Situation des Bettlers nicht ändern. Aber wenn ich mit Mitgefühl an seiner Lage Anteil nehme, mache ich dadurch sein Leid für ihn erträglicher.

Nach dem 11. September 2001 war das Mitgefühl bei uns besonders groß. Uns ist bewusst geworden: Es kann auch uns treffen. Dagegen können wir uns kaum vorstellen, dass Obdachlosigkeit, Drogenabhängigkeit, Aids ... uns eines Tages treffen. So etwas kann mir doch nicht passieren. Ich glaube auch nicht, dass ich Krebs bekomme. Dabei stirbt fast jeder Dritte an Krebs. Aber ich doch nicht. Wir denken immer: Die anderen trifft es, aber mich doch nicht. Und die anderen denken das auch. Das ist unser aller Denkfehler. Betroffen sind wir immer erst, wenn es uns getroffen hat.

Betroffen bin ich erst, wenn »mein« davor steht, hat die Mutter einer Drogenabhängigen mir einmal treffend gesagt. Es könnte auch *meine* Tochter sein, die an der Nadel hängt und notgedrungen auf den Strich geht. Es könnte auch *mein* Junge sein, der Aids hat. Es könnte auch *ich* sein ... Was dem anderen zugestoßen ist, hätte auch mir passieren können. Diese Einsicht macht mich sensibel für das Leid meiner Mitmenschen. Ich könnte an der Stelle des Bettlers stehen. Wenn mir das bewusst ist, kann ich nicht einfach an ihm vorbeigehen. Sein Leid geht mich an. Seine ausgestreckte Hand berührt mich, rührt mein Herz an.

Durch unser Anteilnehmen am Leiden der anderen werden wir leidensfähiger und dadurch auch liebesfähiger. Nur wer fähig ist, Leid zu ertragen und mitzutragen, ist auch zur Liebe fähig. Wer mit anderen nicht mitleiden kann, kann andere auch nicht wirklich lieben. Denn es gibt keine Liebe ohne Leid. Durch das Leid wird der Mensch menschlicher. Eine Pastorin in der Psychiatrie sagt: »Nirgends habe ich so viel Menschlichkeit und Mitgefühl erlebt wie hier bei den psychisch Kranken.« Auch auf dem Hohenasperg habe ich oft mitbekommen, wie ein Gefangener die letzte Zigarette mit seinem Zellenkollegen teilt. Und auch bei den Menschen auf der Straße sehe ich, wie so mancher seinen letzten Euro hergibt. Und HG nahm nachts öfter Menschen von der Straße mit in sein Zimmer im Männerwohnheim. Er ließ den Gast dann in seinem Bett schlafen, während er sich in den Sessel setzte. HG, Heinz Günther Mensch, so war sein Name, ist inzwischen verstorben. Aber vergessen ist er noch lange nicht, HG, der Mensch. Die an den Rand Gedrängten entwickeln oft viel Mitgefühl für andere und nehmen die Not ihrer Kumpel manchmal wichtiger als die eigene. Viele Wohnsitzlose haben auch ein Herz für Tiere. Mancher Hund bekommt das beste Hundefutter, auch wenn sein Herrchen selber nichts hat. Manche hungern dem Hund zuliebe. Mitgefühl, mitleidende Liebe gilt nicht nur den Menschen, sondern sämtlichen Lebewesen der ganzen Kreatur. Von den Buddhisten können wir lernen, keiner Fliege etwas zuleide zu tun und kein Tier zu töten.

Liebe Leserin, lieber Leser, wenn wir einmal sehen und fühlen könnten, was ein Tier gelitten hat, bis es auf unseren Teller kommt, würde uns auch das feinste Filet kaum mehr schmecken. *Was Augen hat, essen intelligente Menschen nicht.* Ein mitfühlender Spruch für Menschen mit Gefühl.

n

Nähe Nahe liegend ist beim Buchstaben N Nahrung. Mehr als 800 Millionen Menschen leiden an schwerer Unterernährung. Unzählige sind nicht in der Lage, sich selbst zu ernähren, während bei uns die Regale überquellen und Nahrungsmittel vernichtet werden. Wir werfen Lebensmittel in den Müll, mit denen wir viele Hungernde ernähren könnten. Aber die sind weit, weit weg. Die hungernden Kinder, Frauen und Männer kommen zwar über das Fernsehen direkt in unser Wohnzimmer, aber sie bleiben uns fern. Näher kommen sie uns, wenn wir in ein Krankenhaus gehen und dort die ausgezehrten Gestalten sehen. Manch einer sieht aus wie das Kind aus einer Hungerzone Afrikas.

Liebe Leserin, ich sagte dir schon im Vorwort, dass ich mit zunehmendem Alter das Bedürfnis spüre, zu allen Menschen *du* zu sagen. Auch wenn du, lieber Leser, ein Hochedelgeborener sein solltest, wurdest du genauso wie der unehelich Geborene von einer Frau zur Welt gebracht. Er ist dir daher ebenbürtig. Ich kann mir auch nicht vorstellen, dass Jesus Menschen mit ihrem Titel anreden würde: »Herr Prälat, ich bitte Sie ...«

Weil Jesus in jedem Menschenkind ein Kind Gottes gesehen hat, hat er alle mit du angesprochen. Wenn ich mit Gott rede, rede ich ihn auch mit du an. Vielleicht trete ich ihm zu nahe, aber ich kann nur sagen: »Du, mein Gott.« Ich kann auch einem Menschen nicht nahe sein, wenn ein Sie zwischen uns steht. Das Sie ist eine Mauer, die mich daran hindert, meinem Gegenüber näher zu kommen. Das Sie verhindert Nähe. Ich kann einem Todkranken nicht die Hand halten, wenn ich per Sie mit ihm bin. Gewiss bietet das Sie auch Schutz und schützt mich vor allzu viel Nähe. Manchmal bin ich froh, dass ich mich hinter die Sie-Mauer zurückziehen kann und manche Menschen mir nicht zu nahe kommen.

Jedes Menschenkind braucht Nähe, auch körperliche Nähe. Besonders bei seelisch Leidenden erlebe ich oft ein starkes Bedürfnis nach körperlicher Berührung und Körperkontakt. Nicht alle ertragen so viel emotionale Nähe. Aber vielen tut es gut, einmal gedrückt oder in den Arm genommen zu werden. Danach sehnt sich gerade der Mensch, der immer das Gefühl hat: Mich mag ohnehin keiner. Ich frage mich, ob die so genannte therapeutische Distanz vielfach nicht ein Vorwand ist, um sich die Leute vom Leib zu halten. Viele Ärzte und Psychologen ziehen sich hinter eine innere Wand zurück und verlieren dadurch die Tuchfühlung mit ihrem Gegenüber. Man kann einen Menschen nicht behandeln, ohne ihn zu berühren.

Es ist oft schwer, das richtige Maß an Nähe und Distanz zu finden. Bei dem einen kann es richtig sein, den Arm um seine Schulter zu legen, bei einem anderen nicht. Was Nähe und Distanz betrifft, dafür gibt es keine Regel. Jeder muss für sich selbst spüren, wie viel Nähe er zulassen kann und wie viel Distanz er braucht. Zu viel Distanz ist nicht gut, denn dann ist die Gefahr groß, dass ich den anderen nur noch als einen Fall betrachte.

Andererseits ist einem Menschen nicht geholfen, wenn ich mich mit ihm identifiziere. Denn dann sehe ich alles genauso wie er und kann ihm nicht helfen, seine Not, sein Problem auch anders, mit anderen Augen zu sehen. Wenn ich in dem anderen ganz aufgehe, hebe ich die Grenze zwischen ihm und mir auf und gebe mich auf. In seinem eigenen Interesse muss ich mich von ihm abgrenzen und eine gewisse Distanz zu ihm halten. Ich bin nicht identisch mit dem anderen. Ich bin ich. Du bist du. Aber wir beide sind Geschwister. Das drückt das schöne Wort *Krankenschwester* aus. Gerade in der Krankheit sind viele Menschen einander ganz nahe. Manche Paare kommen sich auf der letzten Strecke näher als auf der breiten Straße des Lebens. Auch wenn oder gerade weil der gemeinsame Weg zu Ende geht, hat man sich noch so vieles zu sagen. Und mehr als Worte sagen oft eine zärtliche Berührung, die streichelnde Hand, ein inniger Kuss. Und wenn der geliebte Mensch für immer von uns gegangen ist, selbst dann möchten wir den Sarg noch einmal berühren und ihm noch einmal nahe sein.

Es ist schon merkwürdig: Manch ein Mensch steht uns näher als der eigene Bruder. Nähe ist etwas anderes als Blutsverwandtschaft. Manchmal wissen wir selbst nicht, warum wir so viel Nähe zu einem bestimmten Menschen haben und er uns so nahe ist. Auch wenn ein Mensch mir nicht nahe steht, er ist mein Nächster. *Er ist ein Mensch wie du*, übersetzt Martin Buber das Gebot der Nächstenliebe. Er trägt in seinem Herzen die gleiche Sehnsucht wie du. Er sehnt sich danach, angenommen, geliebt zu werden, wie du. Er ist ein Mensch wie du. Er denkt wie du, er fühlt wie du, er empfindet wie du. Die Gleichheit ist die tiefere Wurzel der Selbstliebe und Nächstenliebe. Wir alle sind wesensgleich.

Heute schickt man eine SMS, um jemandem etwas Nettes zu sagen. Die zwischenmenschliche Kommunikation findet heutzutage mehr und mehr ohne leiblichen Kontakt statt. Wir Menschen sind aber nicht nur geistige, sondern auch körperliche Wesen aus Fleisch und Blut. Wir sehnen uns nach Berührung. Wir brauchen Hautkontakt, menschliche Nähe. Wir möchten spüren, dass wir angenommen sind. Eine leise Berührung, eine kleine Streicheleinheit, ein Kuss, eine Umarmung drücken mehr aus als eine nette SMS.

Manche Menschen betteln geradezu um ein wenig Nähe. Als ich aus der S-Bahn aussteige, stellt sich der drogenabhängige Jürgen mir mit ausgebreiteten Armen entgegen: *Mensch, Petrus, umarm' mich doch!* Hautkontakt ist auch für Aidskranke und HIV-Infizierte besonders wichtig. Denn oft werden sie – völlig unnötig – nur mit Gummihandschuhen angefasst. Der Virusträger spürt, dass die meisten Angst vor ihm haben. Nicht nur der Zahnarzt. Carmen erzählt: »Früher hat meine Mutter mir immer ein paar Schmatzer auf die Backe gegeben. Seit sie weiß, dass ich infiziert bin, gibt sie mir mit viel Mühe die Hand und wischt sie anschließend an ihren Kleidern ab. Auch wenn ich die Türklinke anfasse, fährt sie mit ihrem Ellenbogen darüber. Es tut mir so weh, dass meine Mutter solche Angst vor mir hat und ich keinen Körperkontakt mehr mit ihr habe.«

Wer anderen so viel Angst macht, kann leicht Angst vor sich selbst bekommen. Nicht umsonst sagen manche HIV-Infizierte: »Ich habe die Seuche, ich bin verseucht.« Aidskranke werden vielfach wie Aussätzige behandelt. Umso mehr hungern sie nach ein bisschen Nähe. Da ist Andrea: »Ich lebe in einer Hölle der Einsamkeit. Was ich möchte, ist noch einmal mit einem Mann ins Bett gehen. Aber jeder hat Angst vor mir.« Silke hat einen Partner, aber sie hat auch Angst: »Die Angst hält mich davon ab, mich meinem Gino ganz hinzugeben. Wenn ich ihm zu nahe komme, kann ich ihm dem Tod geben.« Aus lauter Angst ziehen sich manche HIV-infizierte Männer drei Kondome über. Und ohne Kondom kann jeder sich im Zeitalter von Aids den Tod holen.

Gott hat uns Arme gegeben, damit wir einander umarmen. Ohne Arme sind wir arm. Armer Mensch, der von niemandem in den Arm genommen wird. Noch ärmer aber ist der Mensch, der meint, dass er die Umarmung nicht braucht. In den Armen des geliebten Menschen spüre ich, dass ich wirklich angenommen bin, so wie ich bin. Vor ihm kann ich meine Maske ablegen und auch meine Verkleidung. In seinen Armen kann ich klein sein und darf Schwäche zeigen. Nackt werde ich geliebt. »Nackter als nackt komme ich zu dir.« Wenn ein Mensch mich schon so liebt, wie ich bin, dann erst recht Gott. Er ist mir ganz nahe, näher als ich mir selbst bin.

Ohren Meine Ohren sind etwas groß geraten und stehen ziemlich weit ab. Eine Zeitlang hat mich das gestört. Und meine Friseuse musste sich große Mühe geben, sie mit meinem Kopfhaar zu bedecken. Inzwischen mag ich meine Ohren, so wie sie sind. Nur hätte ich die vielen Haare, die mir auf den Ohren wachsen, manchmal lieber auf meinen Zähnen. Liebe Leserin! Liebe Leser, auch wenn deine Ohren etwas weit abstehen, sie stehen zu dir. Steh du zu ihnen und denk daran: Richtig hören kannst du nur, wenn dein Ohr dem anderen gehört.

Unsere Ohren tun mir manchmal leid. Was sie alles zu hören bekommen! Die Ohren sind das passivste Sinnesorgan und können sich nicht wehren. Und immer sind sie offen, während unsere Augen sich schließen können. Und auch noch in der Nacht nehmen sie Geräusche auf und kommen nicht zur Ruhe. Immer wieder liege ich nachts hellwach im Bett – neben mir schläft meine Frau und schnarcht und schnarcht. Bis ich ihr einen Seitenhieb versetze. Dann ist eine kurze Zeit Ruhe, bis die »Säge« dann wieder einsetzt. Meine Frau schnarcht nicht immer. Manchmal lacht sie mitten in der Nacht. »Hihihi Hihihi.« Wie eine Hexe. Wenn ich wenigstens wüsste, worüber sie lacht. Und manchmal sagt sie Dinge, die ich nicht gehört haben möchte: »Mach du die Kehrwoche. Hau ab! Komm, Hannes, komm.« Ach, könnte ich doch wenigstens nachts die Schotten dicht machen!

Eine Zeitlang habe ich es mit Oropax (Friede den Ohren) versucht, aber dann hat mich das Knirschen meiner Zähne umso mehr gestört. Und was noch viel schlimmer war: Mit Oropax hörte ich morgens die Vögel nicht mehr zwitschern. Und darauf will ich nicht verzichten. Denn wenn ich die Vögel morgens singen höre, werde ich richtig wach. Manchmal stimme ich mit ein und höre mich singen. Bruchstücke liebgewonnener Choräle und Kirchenlieder. »Kommet zuhauf, Psalter und Harfe wacht auf, lasset den Lobgesang hören.«

Arme Ohren! Sie können das unaufhörliche Gerede und Geschwätz manchmal nicht mehr hören. Wie viele liegen uns in den Ohren! Und dann noch dieser Lärm. Ohrenbetäubend. Die Gefahr ist groß, dass wir mit der Zeit schwerhörig und taub werden. Oder wir hören nur noch das, was wir hören wollen. Und was wir nicht hören wollen, überhören wir. Und so dringt mancher Notruf nicht (mehr) bis zu uns durch und wir hören nicht (mehr) den Hilfeschrei. So manches Wort haben wir noch immer im Ohr. Und der eine oder andere Satz sitzt stets noch ganz tief. Wir hören ja nicht nur mit den Ohren, sondern zugleich mit der Seele. Auch wenn wir uns taub stellen, so fällt doch manches Wort tief in uns hinein.

Nicht wenige bekommen plötzlich einen Hörsturz. Vielfach aus psychischen Gründen. Die Ohren verweigern ihren Dienst. Das Gehör stürzt ab. Und Gott? Er muss schon längst einen Hörsturz erlitten haben. Seit Jahrtausenden jammern ihm die Menschen die Ohren voll. Tag und Nacht rufen, schreien Kleine und Große in ihrer Not zu ihm. Wie viele klagen ihm ihr Leid und beklagen sich, dass er ihr

Gebet nicht erhört. Unerhört. Hört Gott uns zu? Hat er für jedes Menschenkind ein offenes Ohr? Hört er mich? Wenn er mir nicht zuhört, dann kann ich ebenso gut mit der Wand reden.

Mir kommen die Worte von Sören Kierkegaard in den Sinn: »Ich dachte erst, beten sei reden, ich lernte aber, dass beten nicht nur schweigen ist, sondern hören.« Beten heißt nicht sich selbst reden hören. Beten heißt stille werden und stille sein und harren, bis der Betende Gott hört. Gott ist kein Laut-Sprecher. Manchmal höre ich ihn in der leisen Stimme eines Menschen. Manchmal lässt er mein Gegenüber einen Satz sagen, der sitzt. Plötzlich horche ich auf. Manchmal spricht er mich durch ein Kind an. Manchmal höre ich, wie er in der Stille zu mir spricht. Und wie oft spricht Gott durch meine innere Stimme. Und ich höre sie nicht. Wer Ohren hat zu hören, der höre!

Ein Mensch möchte sich aussprechen. Das kann er nur, wenn der andere ihm zuhört. Er braucht seine Ohren. Er könnte dem anderen auch ein beschriebenes Blatt in die Hand drücken und ihn bitten, es zu lesen. Nein, er braucht einen Menschen, der ihm sein Ohr leiht. Zuhören ist eine Kunst. Ich kann mich im Gespräch nicht bequem in den Sessel zurücklehnen. Aktiv zuhören verlangt, dass ich alles wahrnehme und mich auf die ganze Person meines Gegenübers einlasse. Ich achte darauf, was seine Körpersprache aussagt. Ich beachte seine Gestik, Mimik, den Tonfall, die Zwischentöne, die Schwingungen seiner Stimme. Verstehen kommt aus dem Hören. Wer verstehen will und verstanden werden will, muss zuhören. Aber ich tue mich oft schwer, dem anderen zuzuhören. Ich lasse ihn nicht ausreden. Oder ich denke fast ausschließlich daran, was ich sagen will, statt auf das einzugehen, was der andere mir sagt. Was möchte dieser Mensch mir eigentlich sagen? Erst wenn ich das weiß, kann ich auf ihn eingehen. Vielleicht meine ich nach ein paar Sätzen schon zu wissen, was der andere mir mitteilen möchte.

Bei manch einem wird das Zuhören zur Zumutung. Er redet und redet und redet ... Manchmal bin ich selbst auch so blockiert, dass ich dem anderen nicht zuhören kann. Beim Zuhören bedarf es vor allem der Empathie. Ohne die Bereitschaft, sich in den anderen hineinzuversetzen und sich selbst zurückzunehmen, dürften weder Zuhören noch Verständigung gelingen. Empathisches Zuhören bedeutet allerdings nicht, dass ich mich als Zuhörer selbst verleugne. Aufmerksamkeit, Konzentration, Anteilnahme und Neugier sind die Fundamente des Zuhörens. Hören ist eine besondere Art der Aufmerksamkeit des Herzens. Wenn wir nur mit den Ohren hören, verstehen wir nur die Hälfte.

»Sei immer bereit zu hören, aber lass dir Zeit bei der Antwort.« Dieser weise Rat stammt von Jesus Sirach. Ich soll nicht antworten, bevor ich darüber nachgedacht habe, was das, was ich höre, mir sagen will. Am Zuhören hängt die Erfüllung der Sehnsucht der Menschen: verstanden werden. Viele Menschen fühlen sich unverstanden, auch dann, wenn ihr Gesprächspartner sagt: »Ich hoffe, wir haben uns verstanden ...« Verstehst du mich? Verstehst du, was ich sagen will? Diese Frage kann ein Hinweis sein, dass der andere sich nicht verstanden fühlt. Aber nicht jeder, der sich verstanden fühlt, wird auch verstanden. Ich kann nicht einfach sagen: »Ich verstehe dich.« Ich verstehe oft nicht einmal mich selbst. Aber wenn mein Gegenüber sich von mir verstanden fühlt, öffnet er sich immer mehr und kann offen über alles reden. Er schämt sich nicht, mir seine inneren Verletzungen und Verwundungen zu zeigen. Wenn der andere spürt, dass ich nicht nur seine Worte vernehme, sondern ihn selbst mit meinen inneren Armen aufnehme, dann fühlt er sich angenommen. Immer wieder wundere ich mich, was ein offenes Ohr bewirkt. Ob ich ein guter Zuhörer bin, sollen andere beurteilen. Ich weiß nur, dass ich gut im Weghören bin. Ich kann mühelos im Zug schreiben, lesen, schlafen. Ich schalte einfach ab. Und ich höre nicht einmal, dass ich schnarche.

Glauben kommt vom Hören. Die Menschen der Bibel haben die Stimme Gottes vernommen. Maria hat durch das Ohr empfangen. Die Empfängnis durch das Ohr war einer der vielen Deutungsversuche für die Menschwerdung Gottes. Demnach wäre das Ohr der erste Ort göttlicher Empfängnis, unser Gottesorgan. Das Ohr spiegelt den ganzen Menschen als Embryo wieder. Darum ist die Ohr-Akupunktur so wichtig. Weibliche Embryos reagieren eher auf akustische Reize, männliche auf visuelle Reize. Frauen bekommen einen viel intensiveren Orgasmus, wenn ihnen der Mann vorher etwas Liebes, Zärtliches ins Ohr flüstert. Darum heißt es ja auch »*Ohr*gasmus«.

Der Mensch hört vom ersten Herzschlag bis zum letzten. Der Hörsinn ist der letzte Sinn, der stirbt. Auch wenn der Mensch sich im tiefen Koma befindet, hört er. Und wenn unser Herz einmal zu schlagen aufhört, hören wir, wie Gott uns ins Ohr flüstert: »Komm heim.«

p

Pause Wir leben in einer hektischen Welt. Wir sind aktiv, stürzen uns in Betriebsamkeit. Wir sind ständig auf Achse. Wir lassen uns ablenken von tausend Dingen. Auf der Schnellstraße des Lebens halten wir nur selten an. Manchmal fahren wir bei Rot noch weiter. Und auch ein Stoppschild kann uns nicht immer bremsen. Halt! Warum sage ich *wir*? Ich fahre fort in der Ich-Form. Ich halte an und lasse die anderen weiter rennen und rasen. Ich mache einen Besuch bei mir selbst. Ich frage: Wie geht es mir? Wie geht es mir eigentlich? Ich nehme mir die nötige Zeit, um bei mir selbst einzukehren. Ich stelle all den Kram und Krempel beiseite, der mir den Zugang zu meinem Innersten versperrt. Ich kehre bei mir selbst ein und betrete den Raum, wo kein anderer Zutritt hat.

Ich komme zu mir selbst. Bin ich bei mir zu Hause? Habe ich eine Beziehung zu meinem Selbst? Die Beziehung zu mir selbst ist der Schlüssel für den Zugang zu meinen Gefühlen. Ich kann nur zu mir kommen, wenn ich nicht an der Oberfläche bleibe. Gehe ich mir selbst auf den Grund, werde ich zur Tiefe meiner Seele gelangen. Ich brauche bestimmte Tageszeiten, um zu mir selbst zu kommen. Besonders geeignet ist der Morgen. Dann ist der Geist besonders wach und klar. Auch der Abend bietet sich an, noch einmal bewusst eine Pause einzulegen. Ich gehe den Tag noch einmal durch und lege ihn vertrauensvoll in die Hände Gottes: *In manus tuas, Domine, com-*

mendo spiritum meum. Herr, in deine Hände lege ich meinen Geist. So gebe ich meinem Herrgott den Tag zurück. Und der Sonntag gibt mir genügend Zeit, ruhig bei mir zu verweilen und nach dem Stress der Woche langsam wieder zu mir zu kommen.

Ich kann meine eigene Mitte nicht finden, wenn ich nicht hin und wieder anhalte. Ich brauche Pausen, nicht nur Kaffeepausen. Ich weiß: Zeit ist Geld. Das ist aber das Schöne an der Pause: Sie kostet nichts und lohnt sich. Ich nehme meine Uhr ab und nehme mir Zeit. Warum schaue ich ständig auf die Uhr? Ich weiß sowieso nicht, wie spät es ist. Jetzt nehme ich mir die Zeit, nichts zu tun. Das ist nicht einfach. Ich meine immer etwas tun zu müssen, weil sonst die Zeit verloren wäre. Mir gelingt es nur selten, nichts zu tun, ohne daran zu denken, was ich eigentlich tun könnte. Nichts zu denken fällt mir auch schwer.

Aber gerade die Ruhepausen bringen gute Gedanken hervor. Plötzlich fällt mir ein Gedanke zu, auf den ich durch Nachdenken nie gekommen wäre. Eine so genannte schöpferische Pause. Laotse sagt: *Beim Nichtstun bleibt nichts ungetan.* Wenn ich nichts tue, »tue« ich am liebsten »Leute gucken«. Ich betrachte sie auf der Straße, in der S-Bahn. In manchem Gesicht steht mehr geschrieben als in einem Buch. Ich schaue eine Dame an. Sie sieht aus wie ein Gemälde. Ich finde es schön – von weitem. Aber das ist die Kunst. Nicht zu glauben, dass jeder Mensch ein Ebenbild Gottes sein soll. Böse Zungen behaupten, dass Gott den Affen nach seinem Ebenbild erschaffen haben soll. Und dieser Affe sei, nachdem er vom verbotenen Apfel gegessen habe, ein Mensch geworden. Vielleicht schaue ich deshalb so gerne Leute an.

Liebe Leserin, lieber Leser, gönne dir eine Pause und betrachte einen Baum. Höre die Vögel. Gehe in den Wald. Spiele ein Spiel. Setze dich auf eine Bank. Oder an einen stillen See. Mache es so wie ich und lege hin und wieder ein kleines Schläfchen ein. Wer mittags schläft, hat mehr vom Leben. Oder gehe ein Stück. Das beruhigt. Oder laufe die Treppen hinauf und hinunter und komme so wieder zu dir.

Zu sich selbst kommen. Manchmal bin ich nicht bei mir. Ich bin völlig aus dem Gleichgewicht. Ich bin wütend, ärgere mich. Ich gehe ein paar Schritte auf Distanz zu mir. Allmählich sehe ich, dass das Problem nicht so riesengroß ist. Und auch den Ärger sehe ich mit anderen Augen. Wenn ich von mir selbst loskomme, löst sich, was sich in mir angestaut hat. Die Balance wieder finden. Frieden schließen. Wenn aber die Seele verwundet ist, wird der Krieg meist weitergeführt. Im Eifer des Gefechts tut eine kleine Feuerpause gut. Es hat keinen Sinn weiterzuschießen. Es wurde schon genug Pulver verschossen. Bei einem Streit hilft oft eine Verhandlungspause. Und die Einsicht: Wenn einer nicht will, können zwei sich nicht streiten.

Ich höre beruhigende Musik. Auch die Musik kommt ohne die winzig kleinen Pausen nicht aus. Ich horche in mich hinein. Vielleicht höre ich die Melodie meines Lebens. Manchmal stelle ich mir etwas besonders Schönes vor und lasse mich in meinen Träumen fallen. Nur beim Zahnarzt klappt das nicht. Pausen sind wie kleine Ferien mitten im Alltag. In den großen Ferien machen wir Urlaub und erlauben uns eine wochenlange Pause. Da gibt es aber oft viel Stress und Hektik. Und Druck. Hier musst du hin und dort. Und in der Karibik und auf Mali musst du unbedingt gewesen sein. Und zum Schluss sind wir überall gewesen, nur nicht bei uns selbst. Wer bei sich selbst ist, der braucht nicht weit wegzufahren. Der kann sich auch in Gardenien oder auf Balkonien erholen. Das Rund-um-die-Welt-Fliegen ist auch ein Fliehen, eine Flucht vor uns selbst, unserem Selbst zu begegnen. Rabbi Chaim von Zans pflegte zu sagen: »Statt hin und her zu reisen und überall das Glück zu suchen, wäre es besser, einmal anzuhalten und dem Glück zu erlauben, uns dort zu finden, wo wir sind.«

Sokrates ging oft über den Markt. Jedes Mal sagte er beim Anblick der vielen Waren: »Wie zahlreich sind doch die Dinge, deren ich nicht bedarf.« Gut, dass der alte Sokrates nicht mit ansehen muss, was der Mensch heute alles braucht: Auto, Bier, Computer, Drucker, E-Mail, Fernsehen, Geld, Handy ... Brauchen wir ein Handy? Müssen wir ständig an jedem Ort erreichbar sein? Auch noch auf dem stillen Örtchen? Wir brauchen einen Ort, wohin wir uns aus dem Lärm der Welt zurückziehen können. Einen Ort, wo wir gerne verweilen, wo wir uns wohl fühlen. Wir brauchen eine Stätte, wo wir unsere innere Stimme hören und prüfen, ob unsere Lebensspur noch stimmt. Wo stehe ich? Wo ist mein Platz? Wo gehöre ich hin? Bin ich eingebunden in einen größeren Zusammenhang, eingebettet in einen göttlichen Plan? Wir brauchen einen Raum der Stille, wo wir ganz wir selbst sein können.

Schon wieder war ich beim *Wir*. Ich brauche Pausen. Auch mein Körper arbeitet nicht ununterbrochen. Nach jedem Herzschlag gibt es eine kleine Pause. Ich brauche nicht pausenlos zu arbeiten. »Sein Leben war Arbeit.« Kein schöner Text für einen Abgang. Jeden Morgen schaue ich mir die Todesanzeigen an. *Plötzlich und unerwartet ... Viel zu früh ... Mitten im Leben ... Im Alter von nur 40 Jahren.* Die Todesanzeigen helfen mir, den Tag langsam anzugehen. Je schneller ich lebe, desto schneller sterbe ich. Ich nehme mir die Zeit zu leben. Denn nichts wäre schlimmer, als sterben zu müssen, ohne gelebt zu haben.

Die wichtigste Frage ist für mich: Hast du heute schon gelebt? Das Leben ist ein Lehrmeister. Nach dem Einatmen und Ausatmen gibt es eine kleine Ruhepause vor dem erneuten Atmen. Eines Tages kommt nach dem Ausatmen eine ewig lange Pause. Dann ist Feierabend. Und wenn wir dann bei Petrus anklopfen, will er eines sicher nicht hören: *Mein Leben war Arbeit.*

q

Quelle Die Qual der Wahl haben wir nicht beim Buchstaben Q: *Quark, Qualm, Quatsch, Qual, Qualität.* Qual steckt in Qualität und manches gequälte Tier in Qualitätsfleisch. Und wie viele Menschen quälen sich, um eine *Qualifikation* zu erreichen. Und sind sie dann qualifiziert, fangen sie manchmal an, andere zu quälen. Qualität ist wichtiger als Quantität. Weniger ist oft mehr. Manche Menschen haben mit 35 Jahren mehr gelebt als andere mit 55 oder 75. Was wir vom Leben haben, hängt nicht davon ab, wie viele Jahre wir leben, sondern wie wir jeden Tag leben. Länger leben heißt vielfach auch länger leiden. Jeder Tag kann zur Qual werden, ohne Lebensqualität. Weniger ist oft mehr.

Qualität ist das Schlagwort. Qualitätssicherung, Qualitätsmanagement. Nicht nur in der Wirtschaft, auch im Sozialbereich werden Qualitätsstandards erarbeitet. Kindergärten, Krankenhäuser, Alten- und Pflegeheime, Behinderteneinrichtungen, Hospize müssen ihre Qualitätsnachweise erbringen. Dabei gilt immer noch der Satz: Die Qualität einer Gesellschaft wird daran gemessen, wie sie sich gegenüber ihren schwächsten Gliedern verhält. Wie gehen wir um mit geistig behinderten Menschen, Gefangenen, psychisch Kranken, Alten, Austherapierten, Sterbenden? Das ist der Maßstab für die Qualität der Gesellschaft und der Kirche. Die Kirche wird nicht an ihren Worten gemessen, sondern an ihren Taten. Was tut sie für die Schwachen? Hilft sie den Schwangeren in Not? Was tut sie für die schwächsten Glieder? Ergreift sie Partei für die Ausgegliederten, die Aussortierten, die Ausgestoßenen? Was tut sie für die Aussätzigen von heute? Eine Stelle für einen Aidsseelsorger und eine halbe Stelle für einen Obdachlosenpfarrer sind noch längst kein Qualitätsnachweis, eher ein Alibi.

Alle reden von Qualität. Die Kaufhäuser werben mit Qualitätswaren erster Güte. Und damit die Güte noch besser wird, heiraten zwei Große: Karstadt-Quelle. Ach du liebe Güte! Auch wenn wir alles hätten, was der Quelle-Katalog auf Hochglanzpapier anbietet, wäre unser Durst nach Leben längst noch nicht gestillt. Dazu braucht es mehr, mehr als alles. Wir brauchen eine Quelle, aus der wir täglich neue Lebenskraft schöpfen. Wir brauchen eine Quelle, die uns lebendig hält.

Liebe Leserin, lieber Leser, aus welcher Quelle lebst du? Ist die Liebe eines Menschen für dich die Quelle des Glücks? Vielleicht ist die klassische Musik deine Lebensquelle? Oder du spürst beim autogenen Training deine innere Quelle? Oder schöpfst du Kraft bei der wöchentlichen Singstunde im Chor? Oder ist es der regelmäßige Spaziergang, der dir die belebende Kraft gibt? Vielleicht hast du ein ruhiges Plätzchen, wo du mit deinen Quellen in Berührung kommst. Oder du schöpfst Kraft aus der Eucharistie und der Glaube ist deine Lebensquelle. Vielleicht sagst du: Nein, nichts von alledem. Ich komme zu meiner Quelle, indem ich gegen den Strom schwimme. Eine unerschöpfliche Quelle kann auch das eine oder andere Buch sein oder das Buch der Bücher. Manchen wächst aus einem Bibelvers immer wieder Kraft zu. Für andere ist der Rosenkranz eine Kraftquelle oder der ständig wiederholte Satz: *Herr Jesus Christus, erbarme dich meiner.* Vielleicht lebst du von einem Wort. Du hast dieses Wort so verinnerlicht, dass du immer wieder Kraft aus ihm schöpfst. Das kann ein Wort von Goethe oder Schiller sein. Ein Dichterwort ist oftmals eine Quelle der Weisheit. Und Angelus Silesius weiß:

Die Weisheit ist eine Quell. Je mehr man aus ihr trinkt,
je mehr und mächtiger sie wieder treibt und springt.
Der Weise fehlet nie, er trifft allzeit das Ziel,
er hat ein Augenmaß, das heißet: Wie Gott will.

Der drogenabhängige und aidskranke Karsten bekennt: »Gott ist meine Quelle, meine einzige Quelle. Ich spüre, wie seine Liebe durch mich fließt.« Wir sind wie Flüsse, die aus der göttlichen Quelle fließen. Durch uns soll die Liebe weiter strömen und zu einem mächtigen Strom zwischen den Menschen werden. Im Gebet kommen wir in Berührung mit dem göttlichen Grund in uns, mit dem Urgrund allen Seins. Unser Dasein speist sich aus dem Glauben, dass Gott in uns wohnt. Er tröstet uns, wenn wir traurig sind.

Manchmal aber finden wir auch bei ihm keinen Trost. Das Leben ist so gemein, unfair. Wir sind unsicher. Zweifel plagen, quälen uns. Gibt es Gott wirklich oder ist er nur unser Fantasieprodukt? Wir sind verwirrt. Hoffentlich geht es uns nicht so, wie dem Mann in dieser Geschichte. Sie ist wirklich wahr:

»Ein Mann hatte sich in der Wüste verirrt. Die unbarmherzige Sonnenhitze hatte ihn ausgedörrt. Da sah er in einiger Entfernung eine Oase. Aha, dachte er, eine Fata Morgana, eine Luftspiegelung, in Wirklichkeit ist aber gar nichts da. Er näherte sich der Oase, aber sie verschwand nicht. Er sah immer deutlicher die Dattelpalmen, das Gras und vor allem die Quelle. Natürlich eine Durstfantasie, die mir mein halbwahnsinniges Gehirn vorgaukelt, dachte er. Solche Fantasien hat man bekanntlich in meinem Zustand. Jetzt höre ich sogar das Wasser sprudeln. Eine Gehör-Halluzination. Wie grausam doch die Natur ist. Kurze Zeit später fanden ihn zwei Beduinen tot. ›Kannst du so etwas verstehen?‹, sagte der eine zum anderen, ›die Datteln wachsen ihm beinahe in den Mund und dicht neben der Quelle liegt er verhungert und verdurstet. Wie ist das möglich?‹ Da antwortete ihm der andere Beduine: ›Er war ein moderner Mensch.‹«

Eine Quelle fließt gleichmäßig. Manche Quelle spendet einen Liter Wasser pro Sekunde. Und das schon seit der letzten Eiszeit vor etwa zehntausend Jahren. 300 Millionen Tonnen frisches, sauberes Wasser aus einer kleinen Quelle. Wie erfrischend ist das Wasser einer sprudelnden Quelle. Und wie fade dagegen sind Sprudel und Tafelwasser. Eine Quelle ist oft kaum wahrnehmbar in einem sumpfig-morastigen Gebiet im Wald gelegen. Hier leben hoch entwickelte Pflanzen und Tierarten, die nur in diesem hoch empfindlichen Lebensraum vorkommen. Gehen wir sorgfältig mit unserem eigenen Biotop um, damit die Lebensquellen uns lebendig halten und im Fluss bleiben.

Die Quelle gilt als Sinnbild der unerschöpflichen geistig-seelischen Energie des Menschen. Manchmal spüren wir, wie die Lebenskraft in uns emporsteigt. Wir spüren, wie alles in uns strömt. Unser Herz quillt über vor Lebendigkeit und Freude. Die Worte sprudeln nur so aus uns heraus. Aber es gibt auch Zeiten, da sind wir wie ausgetrocknet. Wir sind müde und kraftlos. Wir haben unsere Lebendigkeit verloren. Marc Aurel sagt: »Blicke in dich! In deinem Inneren ist eine Quelle, die nie versiegt, wenn du nur zu graben verstehst.« Manchmal müssen wir bis auf den Seelengrund graben, um mit unserer Quelle in Berührung zu kommen.

Nicht selten führen uns die Tränen zu unserer Quelle. Tränen sind das Grundwasser unserer Seele. Tränen reinigen. Augen, die geweint haben, sehen mehr. Tränen sind bitter, und trotzdem tut es uns in der Seele gut, das Bitterste herauszuweinen. Durch die Tränen löst sich der Schmerz. Liebe Leserin, wann hast du das letzte Mal geweint? Und du, lieber Leser? Ein Mann weint nicht. Arme Männer, wenn wir nicht mehr weinen können. Bei vielen Beerdigungen tun nicht nur Männer alles, um die Fassung zu wahren. Auch manche Witwe hat Angst, die Kontrolle zu verlieren und wird vom Arzt ruhig gestellt. Wie versteinert sitzt sie am Sarg ihres Mannes.

Wenn keine Tränen fließen und unser Schmerz und unsere Trauer nicht in Fluss bleiben, werden wir von unseren traurigen Gefühlen überflutet und wir werden krank. Ich weiß nicht, ob Tumore die nicht geweinten Tränen sind, aber ich meine, dass diese poetisch klingende Diagnose viel Wahres enthält. Mit unseren Tränen drücken wir heraus, was uns bedrückt. Weinen wir ruhig, heulen wir uns mal richtig aus, damit unsere Tränenkanäle nicht versiegen und unsere innere Quelle weiter fließen kann.

r

Respekt Die S-Bahn ist voll. Eine gehbehinderte Frau mit Stock steigt ein. Zu ihrer großen Erleichterung macht ihr ein Mann Platz. »Wir haben das noch gelernt«, sagt der ältere Herr. »Wer bringt den Jüngeren gutes Benehmen bei?« Die meisten Jugendlichen nehmen keine Rücksicht und kennen keinen Respekt. Für sie gibt es keine Respektspersonen mehr. Lehrer, Schulleiter und Pfarrer können ein Lied davon singen. Aber wer trauert denn noch dem Respekt nach, der die Hacken zusammenknallen oder die Hände feucht werden lässt?

Respekt bedeutet eigentlich Rücksicht. Und die tut Not. Alte, Kranke, Behinderte sind darauf angewiesen, dass Junge und Gesunde Rücksicht auf sie nehmen. Jeder von uns kann leicht durch einen Unfall oder Schlaganfall behindert werden. Die meisten von uns werden eines Tages gebrechlich, krank, alt. Das allein ist schon Grund genug, dass wir rücksichtsvoll mit denen umgehen, die nicht mehr mitkommen. Viele Kranke, Behinderte sind uns aber auch ein Stück voraus. Uns fehlt die Erfahrung eines eingeschränkten Lebens. Und auch alte Menschen haben eine größere Lebenserfahrung. Sie haben einen längeren Weg zurückgelegt und mehr hinter sich gebracht als wir Jüngere. Sie verdienen unseren Respekt.

Niemand von uns kann leben, ohne dass andere ihn achten. Wer von seinen Mitmenschen nicht geachtet wird, verliert die Achtung vor sich selbst. So ist es bei vielen Drogenabhängigen. Sie bezeichnen sich selbst als Junkies, was Müll, Dreck heißt. Junkies werden auf dem Sozialamt, im Krankenhaus und auf der Polizei vielfach wie der letzte Dreck behandelt. Und wenn dann einer noch die »Seuche« Aids hat, bekommt er oft noch mehr Verachtung zu spüren.

Die Kleinen Schwestern und Brüder sind für mich ein Vorbild im Umgang mit Menschen am Rande. Sie bringen mancherorts am Bahnhof den Obdachlosen morgens Kaffee und verneigen sich vor ihnen. Die Kleinen erkennen in den Geringsten das Antlitz Jesu. In Nepal und Indien verneigen sich die Menschen voller Achtung voreinander. *Nemaste*: Ich grüße alle göttlichen Eigenschaften in dir. Wenn wir das göttliche Geheimnis in jedem Menschen spüren, gehen wir achtsam mit ihm um und zeigen ihm unseren Respekt.

Wir sind nicht gleich, aber vor Gott sind wir alle gleichwertig. Gott sagt zu jedem: *Gut, dass es dich gibt.* Er hat sich bei jedem Geschöpf etwas gedacht und ihm eine bestimmte Aufgabe zugedacht. Wenn ich das bedenke, dann achte ich auch den Menschen, den ich nicht leiden kann. Manche mag ich nicht. Die brauche ich auch nicht zu lieben. Aber ich kann sie achten. Ich erkenne an, dass sie manches besser können als ich. Auch wenn es mir schwer fällt, sie zu loben, so macht Gott ihnen doch das Kompliment: Gut, dass es dich gibt. Jeder Mensch hat seine Daseinsberechtigung. Wenn mir das bewusst ist, kann ich auch noch dem Letzten mit Respekt begegnen.

In der S-Bahn wird ein 41-Jähriger von drei Jugendlichen so heftig verprügelt, dass er ins Krankenhaus gebracht werden muss. Der Mann hatte die Jugendlichen angesprochen, weil sie im Zug rauchten. Auf offener Straße schlagen und treten Menschen brutal aufeinander ein. Fans prügeln sich vor den Fußballstadien. Auch in der Schule wird geschlagen, getreten, erpresst. Gewalt gibt es heute schon im Kindergarten. Die seelische Verrohung äußert sich auch in verbaler Gewalt, nicht nur bei den Jungen. Auch in der Werbung gibt es manchen aggressiven Slogan, der jeden Respekt vermissen lässt. »Mach an, du geile Sau!«, wirbt ein Radioprogramm um seine Hörer. Und im Fernsehen beschimpfen sich Studiogäste gegenseitig auf übelste Art. Das Privatleben von Prominenten wird bloßgelegt, und so genannte Stars stellen sich bloß oder werden entblößt, ohne Rücksicht auf ihre Intimsphäre. Und auch den Politikern im Parlament fehlt es vielfach an Respekt für den politischen Gegner. Offenbar fällt es vielen schwer, eine andere Meinung zu respektieren und Rücksicht zu nehmen auf die Verschiedenheit der Menschen. Wir sind nicht gleich. Wir haben unterschiedliche Einstellungen, Gewohnheiten, Konfessionen, Lebensstile. Und auch die Geschmäcker sind verschieden. Nicht alle können den gleich guten Geschmack haben wie ich … Das muss ich respektieren.

RRRRRRRRRRR

Jeder Mensch möchte glücklich sein und Glück erfahren. Leiden möchte keiner. So gesehen sind wir gleich. Und dennoch sind wir so verschieden. Jeder Mensch lebt anders. Und jeder Mensch stirbt anders. Manche haben das Bedürfnis, über den Tod zu reden. Andere nicht. Manche Kranke sprechen sich aus, andere hüllen sich in

Schweigen. Viele klammern sich an einem Menschen fest, andere möchten lieber allein sein. Nicht jeder möchte an der Hand eines anderen sterben. Mancher geht lieber allein in den Tod. Das können Angehörige und Freunde oft nur schwer annehmen. Oft mangelt es auch an Respekt vor dem letzten Willen eines Menschen. Ärzte halten sich nicht an die Patientenverfügung und erhalten einen Menschen gegen seinen Willen am Leben. Und die enttäuschten Erben gehen respektlos mit dem Testament und dem Verstorbenen um.

In der beschmierten S-Bahn wurden mehrere Sitze aufgeschlitzt. Und auch am Bahnhof sind die Spuren nicht zu übersehen: zerschlagene Fenster des Wartehäuschens, zerbrochene Flaschen, demolierte Fahrräder. Am Straßenrand liegen Dosen und Büchsen, Verpackungen, Hausrat. Der Wald wird zum Müllabladeplatz, und das Strandgut zeigt, was nicht ins Meer gehört. Und dann noch all der unsichtbare Müll auf dem Grund von Seen und Meeren. Wir haben keine Achtung mehr vor der Umwelt und gehen achtlos mit ihr um.

Achtsamkeit ist für uns ein Fremdwort. Alles wird weggeworfen in unserer Wegwerfgesellschaft. Nach beendeter Beziehung auch mancher Mensch. Ex und hopp, Lebensabschnittspartner. Auch der Tierwelt gegenüber haben wir keine Achtung mehr. Unsere Fleischgier kostet unzähligen Tieren das Leben. Und wie viele kommen unter die Räder und wir fahren darüber hinweg. Das Töten von Tieren wirkt sich nach buddhistischer Lehre negativ auf die Menschen aus. Wenn ich einem anderen Wesen das Leben nehme, hat das nicht nur Folgen für das Opfer und die vielen anderen, die auf dieses Wesen angewiesen sind, sondern mit der Zeit auch für mich. So glaubt der Dalai-Lama, dass etwa die Erbarmungslosigkeit, mit der ein skrupelloser Mörder anderen Menschen das Leben nimmt, irgendwann einmal in einer früheren Existenz ihren Anfang genommen hat durch mangelnde Achtung vor dem Leben von vermeintlich unbedeutenden Wesen wie Insekten oder anderen Tieren.

Auch der Urwalddoktor Albert Schweitzer lehrt uns die Ehrfurcht vor allem Leben. Alles, was lebt, ehrt den Schöpfer. Leider wird er durch unseren achtlosen Umgang mit seiner Schöpfung immer wieder entehrt! Das Wort Ehrfurcht enthält auch Furcht. Furcht vor dem Geheimnis allen Lebens. Furcht vor der ganzen Welt der Organismen, der Bakterien und Viren. Die Schöpfung erregt Furcht und Schrecken und gleichzeitig ist sie in ihrer Schönheit auch wunderbar. Ein Wunder, das wir Menschen nicht machen können. Und auch die Wissenschaft mit all ihrem Wissen kann uns das Geheimnis der Schöpfung nicht erschließen. Und darum fordert alles Leben Achtung, Achtsamkeit, Ehrfurcht, Rücksicht – mit einem Wort: Respekt.

Liebe Leserin, lieber Leser, magst du Ratten? Möchtest du mit einer Ratte schmusen? Igittigitt. Aber ich kenne einige, die haben Ratten zum Fressen gern. Sie knutschen sie ab und tragen sie den ganzen Tag mit sich herum. Und wie viel Respekt man noch vor einer toten Ratte haben kann, zeigt mir Flo. Er hat seine Luda unter einem Baum an der Paulinenbrücke begraben. Dort hat sie einen richtigen Grabstein, damit die Hunde sie nicht ausbuddeln. Vier Kerzen brennen und eine Osterglocke wächst auf Ludas Grab. Nach Karfreitag kommt Ostern, doch das vermag Flo nicht zu trösten. Flo weint untröstlich wegen einer Ratte. Respekt.

Sicherheit Du kennst das auch, liebe Leserin. Du nimmst dir etwas vor und dann liegst du mit Grippe im Bett. Und du, lieber Leser, kennst sicher auch Menschen, die sich auf den wohlverdienten Ruhestand gefreut hatten. Und dann kam alles anders. Das Leben ist unberechenbar. Trotzdem rechnen auch wir und denken: Wenn ich in Rente bin, hole ich alles nach, was ich jetzt versäume. Dann kann ich endlich das tun, was ich schon immer tun wollte. Ob unsere Rechnung aufgeht? Wir sind uns unseres Lebens keinen einzigen Augenblick sicher. Wir sichern uns ab, sorgen vor, bilden Rücklagen. Auch die beste Lebensversicherung kann unser Leben nicht sichern. Ebenso wenig bietet uns eine Krankenversicherung einen Schutz gegen das Krankwerden; sie hilft nur finanziell gegen das Risiko der Kosten einer Krankheit.

Das Gefühl der Unsicherheit verfolgt uns auf Schritt und Tritt. Nicht einmal in den eigenen vier Wänden fühlen wir uns sicher. Wir sperren uns ein hinter der Sicherheitstür mit Sicherheitsschloss. Wir lassen Sicherheitsgitter einbauen und sichern unser Auto mit einer Alarmanlage …

Wir sind auf Sicherheit angelegt und mauern uns selbst ein. Wir bauen unser eigenes Gefängnis aus Steinen der Angst. Allerdings sind wir etwas besser dran als die Gefangenen hinter der Mauer: Unsere Zellenwände sind schön tapeziert, und wir haben sogar Bier im Kühlschrank. Und in der Freistunde dürfen wir selbst mit dem Auto über unseren Gefängnishof fahren. Doch dazu brauchen wir eine Haftpflichtversicherung. Eine Vollkaskoversicherung ist noch sicherer, aber auch nicht sicher. Auch wenn wir brav in unserer Zelle sitzen bleiben, kann ein Dieb bei uns einbrechen. Das Leben ist überall lebensgefährlich. Wir schließen die verschiedensten Versicherungen ab: Hausratversicherung, Unfallversicherung, Gebäudeversicherung, Rentenversicherung, Arbeitslosenversicherung, Pflegeversicherung, Zusatzversicherung … Wir versichern uns gegen alles Mögliche. Nur eines ist sicher, todsicher: der Tod. Nur die Todesstunde ist unsicher. Ganz sicher.

Jeder von uns ist anders. Das verunsichert uns. Niemand ist so selbstsicher, wie er sich gibt. Keiner ist seiner selbst sicher. Alle anderen sind anders als ich. Und darum tut es mir gut, wenn andere mir versichern: *Gut, dass es dich gibt. Schön, dass du da bist.* Was mir vor allem Sicherheit gibt, ist ein Mensch an meiner Seite, der mich annimmt und Ja zu mir sagt, so wie ich bin. Ein Mensch, der mit mir durchs Leben geht und von dem ich sicher sein kann, dass er bei mir bleibt. Diese Sicherheit wünschen sich auch viele junge Leute, aber sie sind unsicher, ob es diesen Menschen gibt. Wo erleben sie heute noch sichere emotionale Beziehungen? Der Hafen der Ehe wird immer unsicherer. Jede dritte Ehe wird geschieden. Heutzutage ist es sicherlich gewagt, einem Menschen für immer das Jawort zu geben. Manche trauen sich trotzdem. Sie trauen sich die Ehe zu, im Vertrauen, dass ihre Liebe hält. Wenn wir immer nur auf Nummer Sicher gehen und kein Risiko eingehen, ist unser Dasein langweilig. Unsicherheit gehört zum Leben. Das Ungewisse ist gerade die Wurzel aller Lebendigkeit.

Unsere Zukunft ist ungewiss. Wir wissen nicht, was auf uns zukommt. Manche möchten es wissen und befragen ihr Horoskop. Andere gehen zur Wahrsagerin. Wahr ist, dass die allermeisten von uns eines Tages wieder Pampers tragen werden. Doch das wollen wir nicht wahrhaben. Ich möchte nicht in die Glaskugel blicken. Ich will nicht wissen, was das Leben noch alles für mich bereit hält. Lieber lasse ich mich überraschen. Vielleicht werde ich angenehm überrascht.

Sicher wird mit steigendem Alter das Leben unsicherer. Die Risiken werden größer. Die Wahrscheinlichkeit nimmt zu, Krebs zu bekommen oder einen Schlaganfall oder einen Herzinfarkt zu erleiden. Was auch immer auf mich zukommt, ich möchte es nicht wissen. Gott sei Dank weiß ich heute noch nicht, wann meine letzte Stunde schlägt. Wenn ich jetzt schon wüsste, wie und wo ich sterben werde, würde ich nachts noch unruhiger schlafen und noch seltener lachen. Hätten wir bei unserer Geburt im Voraus den Film unseres Lebens gesehen, hätten wir heftig protestiert und laut geschrien: »Ich spiele nicht mit! Ich gehe zurück!« Aber es gab kein Zurück. Ungefragt wurden wir auf die Bühne des Lebens gesetzt, und ungefragt müssen wir wieder abtreten. Warum das so ist, kann niemand sicher sagen.

Unser Leben ist ein Geheimnis, ebenso das der anderen. Und auch die Welt ist voller Geheimnisse. Wir kennen uns mit der Welt letztendlich nicht aus und können auch kein endgültiges Wissen über Gott und die Welt haben. Unsere Gottes- und Welterkenntnis ist immer bruchstückhaft. So viele Fragen bleiben offen. Vor allem das Leid stellt uns immer wieder vor die Frage Warum? Das Bedürfnis nach einer sicheren Antwort macht Menschen bereit, zum Teil absurde Erklärungen anzunehmen, nur um dieses Bedürfnis zu befriedigen. »Nur die Besten sterben jung.« – »Gott ruft zuerst die Menschen zu sich, die er besonders lieb hat.« Nicht nur der Tod junger Menschen stellt den Glauben an einen allmächtigen und allgütigen Gott in Frage. Wie kann Gott all das Leid zulassen? Warum greift er nicht ein? Will er nicht? Kann er nicht? Kein Mensch kann diese Fragen mit letzter Sicherheit beantworten. Aber diese Unsicherheit können viele nicht ertragen. Die offenen Fragen und Zweifel sind für sie untragbar. Und darum lassen sie nur die Wahrheit gelten, die ihnen die sichere Antwort, die hundertprozentige Sicherheit gibt. Es ist verführerisch, jedem Zweifel aus dem Weg zu gehen. Aber Zweifel sind unumgänglich und lassen sich auch nicht durch so genannte Beweise beseitigen. Wenn wir Gott beweisen könnten, wäre das kein Glaube mehr. Es gibt keinen Beweis, dass Gott existiert. Aber auch das Gegenteil kann niemand beweisen.

Auch wenn der Glaube unsicher ist, so gibt er vielen doch eine starke innere Sicherheit. Immer wieder sehe ich, dass manche auch im Angesicht des Todes nicht zittern. Sie wagen den Sprung, den blinden Sprung. Sie lassen sich fallen und wissen sich von der Liebe Gottes gehalten. Es ist schön, wenn Menschen einfach glauben können: Solange wir leben, ist Gott bei uns. Und wenn wir sterben, sind wir bei Gott. Beweisen aber lässt sich das nicht. Und auch die Nahtoderfahrungen sind keine Beweise für ein Leben nach dem Tod. Denn die Menschen waren noch nicht »drüben«. Trotz unserer Unwissenheit bin ich gewiss, dass wir heimgehen, wenn wir sterben. Wenn ich diese Gewissheit nicht hätte, könnte ich nicht so oft am Sarg eines Menschen stehen und so viele gehen lassen. Ich bin mir sicher, dass Gott uns über die Schwelle des Todes trägt, uns nach Hause trägt. Trauernde sagen mir immer wieder, dass meine Sicherheit ihnen Kraft gibt.

Von »vielleicht« können wir nicht leben. Wir brauchen eine gewisse Sicherheit, um unseren Weg gehen zu können. Aber wohin sollen wir gehen? Es gibt so viele Wegweiser, so viele Ziele, aber welcher Weg ist richtig? Stimmt die Richtung überhaupt? Manchmal gehe ich den Weg nach, den ich nicht gegangen bin. Doch das bringt mich nicht weiter. Ich kann im Leben nur einen Weg gehen, meinen Weg.

Mein Weg ist nicht dein Weg, lieber Leser. Jeder geht seinen eigenen Weg. Und wenn du deinen Weg nicht gehst, geht ihn niemand. Liebe Leserin, vor dir ist noch niemand deinen Weg gegangen. Du bist die Erste und die Einzige, die diesen Weg geht. Du kannst ihn gehen. Und wenn du spürst, dass du diesen deinen Weg gehen musst, bekommst du einen sicheren Schritt. Mit Sicherheit.

t

Trost Mein 40. Geburtstag ist mir richtig in die Knochen gefahren. Heute lächle ich darüber. Auch der Spruch: »Mit 40 wird der Schwabe gescheit«, vermochte mich damals nicht zu trösten. Als ich 60 wurde, sagte eine Frau zu mir: »Ab 60 wird ein Mann erst interessant!« Schön wäre es. Allerdings war die gute Frau schon einiges über 70 …

Hast du, liebe Leserin, bei einem runden Geburtstag auch schon Trost gebraucht? Dann kannst du mitfühlen. Nur wer sich in den anderen einfühlen kann und sich in seine Trostlosigkeit hineinzuversetzen vermag, kann ihn auch trösten. Trösten ist schwer. Getröstet werden auch. Vielleicht hast du, lieber Leser, das auch schon erfahren. Nach einer großen Enttäuschung in der Liebe. Oder als du schwer krank daniederlagst. Oder als ein Schicksalsschlag dich und deine Lieben getroffen hatte. Oder beim Verlust eines geliebten Menschen.

Als Hinterbliebene brauchen wir Menschen, denen wir unser Leid klagen können. Auf dem Weg durch die Trauer brauchen wir Begleiter, die uns zuhören und verstehen, warum wir manches immer wieder erzählen (müssen). Tröstlich ist es, einen Menschen an der Seite zu haben, der mich in meiner Trauer annimmt, mich in den Arm nimmt. Ein Mensch, bei dem ich mich ausweinen kann, ohne dass er versucht, meine Tränen zu stillen. Ein Mensch, der mit mir weint. Der Trost der Tränen.

Gefängnispfarrer werden nicht nur *Himmelskomiker*, sondern auch *Tröster vom Dienst* genannt. Ein schwerer Dienst. Auch als Seelsorger für Aidskranke sitze ich oft am Krankenbett und weiß nicht, was sagen. Und auch der Tod eines Menschen macht mich oft sprachlos. Bei der Trauerfeier würde ich gerne etwas Tröstliches sagen, aber was? Dass der Verstorbene jetzt nicht mehr leiden muss und nun erlöst ist? Erlösung ist ein großes Wort, aber nicht die Antwort auf die Frage »warum«. Warum musste dieser Mensch sein Leben lang so leiden? Und warum dann noch so qualvoll sterben? Und warum so jung? Wie oft stehe ich am Sarg eines Menschen, der nicht erlöst werden wollte. Leben wollte er! Gewiss: Der Tod ist manchmal die letzte Lösung eines unlösbaren Problems. Trotzdem kann das Trostpflaster der Erlösung die Wunde des Verlustes nicht zudecken und lässt manche Frage offen. Auch fällt es mir schwer, vom Leben nach dem Tod zu reden, wenn ein Mensch kein Leben vor dem Tod gehabt hat. Ich kann den Blick nicht einfach auf das Jenseits richten und über das Leiden und Sterben hinweggehen. Der Blick wird oft allzu schnell auf das Jenseits gerichtet. Da kann der Trost leicht zur billigen Vertröstung werden.

Trösten – wie geht das? Da gibt es kein Rezept. Aber ich frage mich manchmal: Wie würde das, was ich diesem Menschen sage, bei mir ankommen, wenn ich in seiner Lage wäre? Die Frage ist auch, wer wen tröstet. Ich gehe zu einem Kranken und überlege, womit ich ihn trösten kann. Getrost kehre ich heim. Und wie viele Angehörige finden am Grab beim Verstorbenen Trost? Dorothea sagt: »Mich tröstet, was mein Freund Heiko mir einmal gesagt hat: Wenn ich tot bin, werde ich immer bei dir sein. Das tröstet mich.« Ich höre, wie die 6-jährige Sara ihre Mutter tröstet: »Mutti, schau hinauf zu den Sternen, zu dem ganz hellen Stern. Da wohnt der Papa jetzt und passt auf uns auf!« Es ist oft rührend, wie die Kleinen die Großen trösten. Der 8-jährige Jochen sagt zu seinen Eltern: »Ihr sollt nicht weinen. Ich muss gehen, aber im Himmel werde ich Gärtner.«

Blumen können trösten, leblose Dinge nicht. Tiere sind oft auch gute Tröster. Als ich Silvia frage, wie es ihr geht, antwortet sie: »Ach, mein Leben ist so trostlos. Es gibt nichts, worauf ich mich noch freuen kann. Der einzige, der mir noch Freude bereitet, ist hier mein Pluto, mein kleiner Hund. Er versteht mich. Er tröstet mich.« »Meine Katze«, sagt Charly, »spürt, wenn es mir schlecht geht. Sie legt sich genau auf die Stelle, wo es mir weh tut.«

Trösten, wie geht das? So nicht: »Ich weiß, wie du dich fühlst. Ich habe das auch durchgemacht.« Jeder Mensch fühlt, empfindet, leidet anders. Jeder erlebt einen schmerzlichen Verlust anders. Jeder trauert anders. Da kann niemand sagen: *Ich weiß, wie du dich fühlst.* Oft begehen Tröstende auch den Fehler, nur den Verstand anzusprechen. »Wenn du bedenkst, was dein Mann mit der Krankheit noch alles hätte bekommen können, kannst du froh sein, dass ihm das erspart geblieben ist.« »Das weiß ich«, antwortet die Witwe. »Trotzdem kann ich mich damit nicht trösten.« Gisela ist ganz entsetzt: »Gerade habe ich meiner besten Freundin erzählt, dass meine Tochter trotz Chemotherapie und Bestrahlung an Krebs wird sterben müssen und ihre zwei Kinder dann keine Mutter mehr haben. Stell' dir vor, was die mir darauf geantwortet hat: Es gibt noch Schlimmeres!«

Es gibt noch Schlimmeres. Andere haben noch viel mehr zu tragen. Das wissen die Leidtragenden auch. Aber es tröstet sie nicht, oder nur selten. Durch manchen gut gemeinten Trost der lieben Mitmenschen fühlen viele sich noch einsamer, noch verlassener. Gut gemeint ist das Gegenteil von gut. Als Freunde eine junge Witwe damit zu trösten suchten, dass sie bestimmt noch einen anderen fände, antwortete sie: *Ich will aber keinen anderen.* Was der Verlust eines Menschen für den Hinterbliebenen bedeutet, können oft auch die eigenen Angehörigen nicht verstehen. Dabei ist es so einfach: Keiner kann den anderen ersetzen. Trauernde brauchen Trost. Nur ist das, was andere ihnen sagen, oft alles andere als tröstlich.

Manche suchen mit frommen Sprüchen und Bibelversen Hinterbliebene zu trösten. Doch das geht oft daneben. Bärbel stirbt in jungen Jahren an Krebs. Die Mutter ist untröstlich. Ihre beste Freundin sagt ihr: »Bärbels früher Tod zeigt, dass Gott deine Tochter ganz lieb hat.« »Halt deinen Mund!«, weist die Mutter sie zurück: »Mir wäre es lieber, wenn Gott sie nur halb so lieb hätte.« Als Erikas Sohn mit dem Motorrad verunglückte, sagte ihre Schwester: »Es sind immer die Besten, die Gott als Erste zu sich ruft.« Erika sagte: »Du bist wohl nicht recht bei Trost, mir solch einen blöden Spruch zu sagen.« Trost kommt von trauen. Trauernde trauen keinen Erklärungen, die das Unbegreifliche begreiflich machen sollen. Der Tod eines Menschen ist vielfach nicht zu begreifen. Er bleibt unfassbar. Trotzdem oder gerade deshalb bleibt Trauernden oft nur der Trost des Glaubens. In ihrer Verlassenheit verlassen sie sich getrost auf Jesus. *Christ will unser Trost sein ...*

Vor 40 Jahren kam mein Bruder als Pilot ums Leben. Verkohlt lag er zwischen den Flugzeugtrümmern. Womit der Pfarrer uns bei der Beerdigung zu trösten versucht hatte, habe ich längst vergessen. Nur weiß ich heute noch, wie mein Klassenlehrer mir damals die Hand gedrückt und dabei meinen Arm sanft berührt hat. Das hat mir gut getan. Eine sanfte Berührung, eine kleine Geste, ein fester Händedruck drücken oft mehr aus als viele Worte. Ein guter Tröster versucht nicht mit Worten Trost zuzusprechen. Er ist einfach da. Und das tröstet.

Umwelt Lieber Leser, liebe Leserin, du denkst beim Buchstaben U wohl gleich an *Urlaub*. Ich erlaube mir darauf hinzuweisen, dass es auch weniger angenehme Begriffe mit U gibt. *Urologe* zum Beispiel. Allein schon das urige Wort macht mich krank. Und wenn ich mich dann in die Hände des Urologen begebe und die Behandlung mit der Befingerung anfängt, höre ich Professor Hackethal selig sagen: »Wenn du einen Urologen siehst, dann renne, renne, so schnell du kannst.« Doch mit heruntergelassenen Hose kommst du nicht weit.

Das Wort *Umkehr* mag ich auch nicht, denn alle Umkehr fängt bei mir an. Aber warum soll ich umkehren, wenn alle anderen so weiterleben? Früher riefen Bußprediger und Theologen zur Umkehr auf, heute sind es Umweltexperten und Naturwissenschaftler. Sie weisen auf die zunehmende Umweltzerstörung hin und warnen vor einem Klimakollaps. Doch Umweltschutz ist für die Menschen von heute offenbar kein Thema mehr. *Waldsterben, Ozonloch, saurer Regen, Treibhauseffekt* ... Wir haben diese Worte schon so oft gehört, dass sie uns kaum noch beunruhigen. Und auch schreckliche Worte wie *BSE, Hormonskandal, Dioxin, Lebensmittelvergiftung, Rinderwahn, Notschlachtung* ... haben ihren Schrecken inzwischen weitgehend verloren.

Das Gift aber, an dem die Tiere sterben, ist auch tödlich für uns. Wie wollen wir gesund bleiben, wenn wir krankes Fleisch essen? Erst wenn alles vergiftet ist, werden wir feststellen, dass wir Geld nicht essen können. Durch den rigorosen Raubbau an Natur und Klima rauben wir unseren Kindern und Enkeln die Grundlagen zum Leben. Wenn ich bedenke, was für eine Welt wir unseren Nachkommen hinterlassen, schäme ich mich. Manchmal bete ich: »Herr, vergib uns, denn wir wissen nicht, was wir tun, den kommenden Generationen antun. Wir verpesten die Luft, wir verseuchen den Boden, wir verschmutzen das Wasser, wie vergiften die Erde, die du uns anvertraut hast.«

Jeder möchte zurück zur Natur, aber keiner zu Fuß ... Wer ist denn bereit, Opfer für die kommende Generation zu bringen? Wer verzichtet schon auf sein Auto? Warum soll gerade ich damit anfangen? Ich weiß zwar, dass auch ich durch meine Auspuffgase die Umwelt verschmutze, aber das ist doch nicht der Rede wert im Vergleich zu den riesigen Schloten und Fabrikdreckschleudern. Die größte Umweltverschmutzung geht doch von der Industrie aus. Warum soll ich denn mein Auto stehen lassen? Warum soll ich anfangen umzukehren, wenn die USA als größter Umweltverschmutzer sich nicht einmal an das Klimaschutzabkommen halten wollen!? Solange die Großen nichts für die Umwelt tun, brauche ich auch nicht umzukehren. Und so fahre ich in den alten Gleisen weiter und sehe nicht, dass meine Auto-Abgase, meine Energieverschwendung, meine Müllhaufen mit dazu beitragen, dass die Umwelt zerstört wird.

Moralisieren hilft nicht. Umkehren, umdenken braucht Einsicht. Alles, was um uns herum ist, gibt uns Leben. Die Bäume und

Pflanzen geben uns den nötigen Sauerstoff. Menschen können keinen Sauerstoff produzieren. Wenn wir die Luft verpesten, nehmen wir uns selbst das Leben. Die Umwelt ist unsere Mitwelt. Ohne sie können wir nicht leben. Wir werden nicht überleben, wenn wir das geschwisterliche Miteinander von Mensch und Natur nicht lernen.

In allen Lebewesen unsere Schwestern und Brüder zu sehen, das hat uns Franz von Assisi gelehrt. Auch wenn wir keine Heiligen sind, können wir mit den Tieren sprechen und mit unseren Pflanzen reden. Wenn wir ihnen gut zureden, sprechen sie uns an und wir wachsen mit ihnen. Es geht nicht um Naturromantik, sondern um die Einsicht, dass auch Pflanzen und Tiere eine Seele haben. Wer das so sieht, hat Achtung, Hochachtung vor allem, was lebt, und geht liebevoll damit um. Alles in der Natur hat seine Daseinsberechtigung. Nur ist die uns manchmal lästig. Dabei knabbern die lästigen Fliegen alte Hautschuppen ab, kriechen in Ohren und Nasen, um sie zu reinigen. Wir sprechen von *Ungeziefer* und vernichten es. Bei den Buddhisten geht das Tötungsverbot so weit, dass manche nicht Auto fahren, damit an ihrer Autoscheibe keine Insekten zerschellen.

Wildkraut ist für uns *Unkraut*, und wir vertilgen es. Was uns nichts nützt, nennen wir unnütz. Uns selbst nennen wir *homo sapiens*, die Krone der Schöpfung. Wir haben den biblischen Auftrag »Macht euch die Erde untertan« offenbar so verstanden, als würde die Erde uns gehören. Die Natur ist nicht unser Eigentum. Wir sind ein Stück Natur. Und die Natur ist ein Teil von uns. Doch für uns ist die Natur vielfach nur noch ein Mittel zum Spaßhaben: Motorboot-, Skifahren ... Wir machen kaum noch natürliche Erfahrungen. Die meisten von uns sterben, ohne jemals erfahren zu haben, was für ein Gefühl es ist, nackt im Regen zu stehen. Wir haben uns so weit von der Natur entfernt, dass uns das Natürliche stört und wir die Natur gedankenlos zerstören. Um uns herum sind nicht nur Pflanzen und Tiere, Luft, Wasser und Erde. Wir sind auch umgeben von den ungeheuren Weiten des Weltalls. Mit ihnen sind wir verwoben. Der Mensch ist ein Kind der Sterne. Der schwedische Astrophysiker Jan Olaf Stenflo schreibt: »Der Kohlenstoff in unseren Zellen wurde in den Zentren von roten Riesensternen gebacken, das Eisen in unserem Blut hat Supernovaexplosionen erlebt. Jedes Atom in unseren Körpern hat eine grandiose kosmische Geschichte.«

Als ich mit Sabine spazieren ging, blieb sie plötzlich stehen: »Schau mal, Petrus, wie schön der Baum da ist.« Ich war an ihm vorbeigelaufen und hatte ihn gar nicht bemerkt. Sabine hat Aids und weiß, dass ihr Leben zu Ende geht. Sie sagt mit Tränen in den Augen: »Wenn ich daran denke, dass ich das alles bald nicht mehr sehen werde ...« Sabine weiß, dass es ihr letzter Frühling sein könnte. Sie sieht alles blühen, als wäre es das erste Mal. Solange wir gesund sind, haben wir oft keinen Blick für die Schönheit der Natur. Wir übersehen vieles, weil wir glauben, dass wir es noch so oft sehen werden.

Jeder Frühling ist ein Wunder. Aus der Todesstarre erwächst neues Leben. Aus den scheinbar abgestorbenen Ästen entspringen Knospen, fangen an zu blühen. Was so eine kleine Knospe alles in sich hat:

Blätter, Blüten, Früchte. Welche Fülle! Und kein Blatt ist dem anderen gleich: einzigartig wie mein Fingerabdruck. Jeder Blumenstempel ist ein Fingerabdruck des Schöpfers. Allmählich gehen mir die Augen auf. Ich fange an wahrzunehmen, wie wunderbar die Umwelt ist. Ich wundere mich, was da alles im Stillen wächst. Ich sehe, was ich noch nie sah.

Wie wenig weiß ich von dem, was mich umgibt. Ich kann die Vögel nicht an ihrem Gesang erkennen. Ich kenne nur wenige Blumen und Bäume mit ihren Namen. Und auch die vielen Gräser sind für mich nur grün. Ich bin ein Analphabet, der das wunderbare Buch der Schöpfung nicht lesen kann. Was habe ich in der Schule nicht alles gelernt: Algebra und Bio, Chemie und Deutsch, Erdkunde und Französisch, Geschichte und hunderttausend Sachen. Aber die Hauptsache habe ich nicht gelernt: zu staunen. Oder habe ich es verlernt? Als Kind habe ich oft große Augen gemacht und konnte noch staunen. Ich war erstaunt, was es alles zu entdecken gibt. Erstaunlich viel.

Lieber Leser, liebe Leserin, du brauchst kein Teleskop und auch kein Mikroskop; du brauchst nur die Augen eines Kindes, um die Spuren des Unsichtbaren zu sehen. Schau hin, dann spürst du, dass die Welt voller Wunder ist. Schau hinauf zum Himmelszelt, dann staunst du, wie die Lampen da oben für dich leuchten.

Die Sonne scheint für dich – deinetwegen –,
und wenn sie müde wird, beginnt der Mond,
und dann werden die Sterne angezündet.

Vertrauen Vertrauen ist die Grundlage, um das Leben zu bestehen. Wir können nicht jeden Tag neu aufstehen ohne das Grundvertrauen, dass unser Dasein einen Sinn hat. Wir vertrauen darauf, dass wir nicht umsonst auf der Welt sind und es gut ist, dass es uns gibt. Vor allem brauchen wir Selbstvertrauen. Denn wer sich selbst nichts zutraut, kann anderen nicht vertrauen. Aus dem Vertrauen, das ich in mich selbst habe, wächst das Vertrauen, das ich in andere setze. Es heißt, dass du heute keinem mehr trauen kannst. Aber wo kämen wir hin, wenn wir jedem mit Misstrauen begegnen würden. Ohne gegenseitiges Vertrauen könnten wir überhaupt nicht leben. Ich kann morgens nicht aus dem Haus gehen, wenn ich meiner Frau nicht traue.

Manche meinen: *Vertrauen ist gut, Kontrolle ist besser.* Aber durch die Kontrolle wird das Vertrauen gerade zerstört. Ohne Vertrauen kann ich nicht in die S-Bahn steigen und erst recht nicht in den Zug oder in ein Flugzeug. Ich kann mich nicht ans Steuer setzen, ohne darauf zu vertrauen, dass der Motor in Ordnung ist, die Bremsen funktionieren und der Reifen nicht platzt. Ich nehme am Verkehr teil im Vertrauen, dass die anderen genauso gut fahren wie ich … Ich kann den Fußgängerstreifen nur überqueren, weil ich mich darauf verlasse, dass die Autofahrer bei Rot anhalten. Wo käme ich hin ohne Vertrauen? Ohne Vertrauen könnte ich nicht sein. Ich wäre schon nicht mehr am Leben, wenn ich mich mit 18 Jahren nicht voll Vertrauen in die Hände eines Chirurgen begeben hätte, um meinen entzündeten Blinddarm operieren zu lassen. Ich kann zu keinem Arzt gehen, wenn ich ihm keine Kompetenz zutraue. Ohne Vertauensverhältnis kann er mir nicht helfen. Ohne Vertrauen wäre ich gar nicht geboren, und das mitten im Krieg. Und auch heute brauchen Eltern viel Vertrauen, um ein Kind in diese Welt zu setzen. Gott sei Dank lassen sich viele Paare nicht von ihren Ängsten leiten. Ohne Vertrauen kein Leben.

Vertrauen ist unser tägliches Brot. Wir verhungern, wenn unsere Ängste unser Leben bestimmen. BSE, verstrahlte und genmanipulierte Nahrungsmittel, Schweinepest, Dioxin ... Ohne Vertrauen könnten wir nichts mehr essen. Wir würden von unseren Ängsten aufgefressen werden. Ängste gehören zum Menschsein. Es ist menschlich, dass wir Angst haben. Dabei können wir selbst vielleicht nicht einmal genau sagen, wovor wir Angst haben. Es sind oft ganz diffuse, vage Ängste, die uns plagen. Wir haben Angst, dass den Kindern etwas zugestoßen sein könnte. Wir haben Angst, dass demnächst etwas Schlimmes passiert ... Wir haben Angst vor der Angst.

Es ist paradox, aber wahr: Durch das Eingestehen der Angst wächst das Vertrauen. Im Annehmen der Angst liegt gerade das Helfende. Unsere Ängste sind Wege des Vertrauens. Indem wir das tun, wovor wir Angst haben, bekommen wir Selbstvertrauen. Das Überwinden der durch die Angst gesetzten Schranke bringt uns weiter. Oft merken wir erst im Nachhinein, dass unsere Angst übertrieben war. Und wie oft war die Angst vor der Prüfung viel schlimmer als die Prüfung selbst.

Liebe Leserin, lieber Leser, wenn wir auf unser Leben zurückschauen, sehen wir, dass wir schon vieles überstanden haben, was uns große Angst gemacht hat. Wie viel ist gut gegangen, was hätte schief gehen können. Und wie oft haben wir unnötig Angst gehabt! Darum haben wir guten Grund, dem Leben zu trauen.

Wir sind uns unseres Lebens keinen einzigen Augenblick sicher. Die Wahrscheinlichkeit, eine unheilbare Krankheit zu bekommen, wächst mit den Jahren. Mit zunehmendem Alter werden unsere Haare grauer und unsere Ängste größer. Viele Männer haben Angst, dass ihre Frau vor ihnen stirbt. Das Alleinsein macht auch Frauen Angst. Die Verlust- oder Trennungsangst geht auf unsere Kindheit zurück. Ganz bedrohlich war für uns die Angst vor der Trennung von der Mutter; die Angst, mutterseelenallein zu sein. Wer in seiner Kindheit keine zuverlässige Beziehung erlebt hat, wird eher Misstrauen entwickeln als das Kind, das ein Urvertrauen mitbekommen hat.

Das Grundvertrauen hilft Menschen, auf andere zuzugehen und auch einmal ein Risiko zu wagen. Viele Menschen bringen das nötige Vertrauen nicht auf, weil sie zu oft enttäuscht worden sind. Die Angst vor erneuter Enttäuschung hindert sie daran, dem Vertrauen zu trauen. Sie möchten vertrauen, aber sie können es nicht. Vertrauen ist der beste Schutz gegen Angst. Vertrauen nimmt uns zwar nicht die Angst, aber es hilft uns gegen das anzugehen, was uns Angst macht.

Vertrauen ist ein Heilmittel, ist heilsam. Wie oft sagt Jesus zu den Kranken: Dein Glaube, dein Vertrauen hat dich gerettet. In der Muttersprache Jesu gab es nur ein Wort für Glauben und Vertrauen. Glauben ist vertrauen. Jesus spricht: *Wenn du nur Vertrauen hast, ist alles möglich* (Mk 9,23).

Vertrauen macht alles möglich. Das erlebe ich gerade auch bei Menschen an den Rändern der Gesellschaft. Dara erzählt mir beim Obdachlosenfrühstück, wie sie sich einmal ohne einen Pfennig auf den Weg nach Indien gemacht hat. Was wir dagegen alles brauchen, wenn wir verreisen! Wie wir uns absichern, natürlich mit Reiserücktrittversicherung! Dara ist heil aus Indien zurückgekommen. Ohne einen Pfennig. Welches Vertrauen! Als ich Axel frage, wie es ihm geht, antwortet er mit strahlendem Gesicht: »Mir geht es gut, Petrus. Ich habe alles, was ich brauche. Der Herrgott schenkt es mir zur rechten Zeit.« Axel schläft jeden Abend vor dem Eingang eines Kinos. Das Gottvertrauen gibt vielen Menschen einen sicheren Halt.

Eine krebskranke Frau hält sich fest an den Worten von Psalm 23: »Und muss ich auch wandern in finsterer Schlucht, ich fürchte kein Unheil, denn du bist bei mir.« Immer wieder begegne ich Menschen, die das Gefühl haben, dass sie geführt werden. Sie wissen sich getragen von einer göttlichen Kraft. Der aidskranke Bernd war in seinen Drogenjahren nicht nur durch die finstere Schlucht, sondern durch die Hölle gegangen. Kurz vor seinem Tod sagte er: »Mein Leben lang hatte ich das Gefühl, dass ein Engel mich begleitet. Warum soll ich jetzt Angst haben? Egal was passiert, mir passiert nichts.« Manche haben ein so starkes Gottvertrauen, dass sie keinerlei Angst haben vor dem Tod. Sie überlassen ihr Leiden und Sterben ihrem Herrgott und sind auch im Angesicht des Todes ganz gelassen. Singend kehren sie heim.

Glaube ist der Vogel, der singt in dunkler Nacht. Ich bezweifle, dass ich auf meinem Sterbebett singen kann. Ich bin zwar fest davon überzeugt, dass mit dem Tod nicht alles aus ist, aber ich habe Angst vor dem Ungewissen. Im Angesicht des Todes klammere ich mich vielleicht auch mit einer Heidenangst fest an mein bisschen Leben. Vielleicht aber sehe auch ich im letzten Augenblick, was im Psalm des Vertrauens geschrieben steht: »Die Engel tragen dich auf ihren Händen, damit dein Fuß nicht an einen Stein stößt und dir nichts zustößt.«

Lieber Leser, liebe Leserin, mögen unsere Engel uns zu guter Letzt auf ihren Händen heimtragen. Unsere Schutzengel begleiten und behüten uns auch auf der Straße des Lebens. So können wir unseren Weg weitergehen, im Vertrauen, dass unser Leben gut ausgeht.

Weisheit Brauchen wir Internet? Es mag schön sein, den Zugang zu der ganzen Welt zu haben und sich alle möglichen Informationen ins Wohnzimmer zu holen. Aber können wir die Fülle von Daten auch verarbeiten? Wird durch die unzähligen Einzelinfos unser Blick für den tieferen Zusammenhang nicht getrübt? Wer hat denn noch den Durchblick? Ich bezweifle, ob wir durch all das Wissen weiser werden.

Ist das Internet eine Lebenshilfe? Was mir im Leben hilft, ist Gelassenheit. Unter Gelassenheit verstehe ich nicht, alles lassen, wie es ist, und die Hände resigniert in den Schoß legen. Engagierte Gelassenheit lässt sich auf die vielfältigen Nöte dieser Welt ein und tut das Menschenmögliche, um am Ende alles in Gottes Hand zu legen. Ihm überlasse ich auch die letzten Dinge. Und so habe ich das Gebet in meinem Herzen gespeichert: »Herr, gib mir die Gelassenheit, die Dinge hinzunehmen, die ich nicht ändern kann. Gib mir den Mut, die Dinge zu ändern, die ich ändern kann. Und gib mir die Weisheit, das eine vom anderen zu unterscheiden.«

Wir halten vieles für veränderlich, was wir nicht ändern können. Wir beißen uns die Zähne an Dingen aus, die unabänderlich sind. Manche Krankheiten können wir bekämpfen, aber nicht besiegen. Der Kampf gegen Krebs ist ab einem gewissen Zeitpunkt nicht mehr zu gewinnen. Dagegen erscheint uns manches unabänderlich, was sich durchaus verändern lässt. Aber dazu brauchen wir Mut. Und wir brauchen die nötige Weisheit. Weisheit ist wie ein Licht, das uns die Augen öffnet. Wir sehen, was veränderbar ist und was nicht.

Liebe Leserin, lieber Leser, die Weisheit ist wie ein reifer, erfahrener Mensch, der dich auf deinem Weg begleitet und dir gütig zulächelt, gerade dann, wenn du wegen einer Kleinigkeit aus der Haut fahren möchtest. Die Weisheit lehrt dich deine lieben Mitmenschen mit anderen Augen zu sehen, mit den Augen der anderen. Und sie zeigt dir auch, wie viel Gutes in dir selbst ist.

Bevor Salomo sein Amt als König antrat, stellte Gott ihm einen Wunsch frei, den er ihm erfüllen wolle. Und Salomo bat nicht um Reichtum oder um Macht über seine Feinde, sondern um ein hörendes Herz. Das hörende Herz macht Menschen weise und lässt sie zur rechten Zeit das richtige Wort sprechen. Weisheit des Herzens ist nicht unbedingt Weisheit des Alters. Salomo war ja noch jung. Alte Menschen können weise sein, wenn sie ein aufmerksames Herz bewahrt haben. Oft sind einfache Menschen weiser als die Supergescheiten. Jesus preist die »Ungebildeten« selig, weil ihnen enthüllt wird, was Weisen und Klugen verborgen bleibt. Volksweisheiten sagen oft mehr als tief schürfende philosophische Gedanken über Gott und die Welt. *Sprichwörter sind die Töchter der täglichen Erfahrung,* heißt es in Holland. Von Eugène Ionesco stammt das weise Wort: »Wir glauben Erfahrungen zu machen, aber die Erfahrungen machen uns.« Weisheit beruht vor allem auf Erfahrung. Erfahrung kommt von fahren. Erfahren werden wir erst durch das, was uns im

Leben widerfährt. Als Eltern möchten wir unseren Kindern bestimmte Erfahrungen ersparen. Aber manches müssen sie selbst erfahren, um auf ihrem Weg weiterzukommen. Kinder brauchen keine Wegweiser, die ihnen sagen, wo es langgeht. Sie brauchen Wegbegleiter, gerade dann, wenn sie nicht mehr weiter wissen.

Bei meinem 40. Geburtstag war mir klar: Du bist auf dem Höhepunkt deines Lebens angelangt. Ab jetzt geht es abwärts. Keine schöne Vorstellung. Ich stelle mir vor: Ab 40 wäre ich jedes Jahr ein Jahr jünger geworden. Dann wäre ich jetzt 20. O Gott! Nein, ich möchte keine zwanzig mehr sein und die ganze Strecke noch vor mir haben. Ich habe das Gefühl, dass ich rechtzeitig zur Welt gekommen bin. Zur rechten Zeit. Aber das denken meine Kinder auch. Und auch mein Enkel Simon.

Vielleicht gehört das zur Weisheit Gottes, dass er jeden Menschen zu seiner Zeit geboren werden lässt. Wir brauchen nicht jünger zu werden. Mit den Jahren werden wir von selbst kleiner. Wir werden alt und gebrechlich. Wir freuen uns über Kleinigkeiten und sehen die Welt mit den Augen eines Kindes. Am Ende sind wir wieder ganz klein, Riesenbabys. Wir trinken aus der Schnabeltasse und tragen Windeln. Wegwerfwindeln: Käcke Päcke. Wir reden das Alter schön, schön darüber hinweg. Seniorenresidenz, Teenie-Spätlese, Graue Panther … Wir tun alles, damit man uns das Alter nicht ansieht. Wir überkronen unsere Zähne, wir überbrücken unsere Zahnlücken, wir überdecken die kahlen Stellen, wir überschminken die Falten und Furchen, wir übermalen die Spuren, die uns das Leben ins Gesicht geschrieben hat.

Wir überspielen unser Alter und kleiden uns jung. Wir tragen Jeans und reden wie Kids. Aber die sind weiser und nennen uns Gruftis. Ja, wir sind reif für die Gruft. Und je näher wir dem Grab kommen, umso mehr klammern wir uns an unserem Geld und Besitz fest. Doch das letzte Hemd hat keine Taschen. Richtige Altersweisheit lässt uns rechtzeitig mit dem Loslassen beginnen. Freiwillig loslassen, verschenken macht Freude, im Gegensatz zu loslassen müssen. Leeren wir zu Lebzeiten unsere Taschen, damit die lachenden Erben uns nach unserem Tod nicht auf der Tasche liegen und sich über soviel Dummheit totlachen.

Sechzig Jahre und kein bisschen weise. Ein wenig weiser bin ich durch die Jahre schon geworden. Mit der Zeit habe ich meine Grenzen erfahren. Vor allem die Drogenabhängigen haben mir gezeigt, was für ein hilfloser Helfer ich bin. Ich kann nicht verhindern, dass so viele junge Frauen und Männer sich mit Drogen kaputt machen und ihr Umfeld mit zerstören. Ich kann keine Drogen- oder Gefängniskarriere stoppen. Ich kann keine Lebensläufe anhalten und muss manchmal ohnmächtig mit ansehen, wie ein Unheil seinen Lauf nimmt.

Ich kann oft nichts tun, aber ich kann da sein. Da sein für einen Menschen, der sonst niemanden hat. Mit einem hörenden Herzen da sein, damit sich jemand einmal aussprechen, ausweinen, ausheulen kann. Da sein, um zusammen ein Gebet zu stammeln. Da sein, um einem armen Schlucker die Hände aufzulegen und ihn zu segnen. Da sein, um einen Todkranken auf der letzten Strecke zu begleiten und seine Ohnmacht mit ihm zu teilen. Ein wenig da sein für die Menschen, die mich brauchen. Ist das Weisheit oder bin ich nur müde geworden?

Lebensmüde bin ich noch lange nicht. Trotzdem wollte ich als Geburtstagsgeschenk eigentlich einen Sarg, meine »Kiste«. Aber das ist doch makaber, wurde ich belehrt. Meine »Kiste« könnte mir aber helfen, das *Memento mori* einzuüben. Ich bin zwar kein Mönch, der sich jeden Abend in die Kiste legt, aber ab und zu möchte ich schon zwischen den Brettern liegen und mich mit meinem letzten Möbelstück anfreunden. In einer Edelholztruhe wollte ich nicht liegen und auch nicht in einem altdeutschen Eichensarg. Ich will eine Kieferkiste, damit ich schnell verwese. Falls das jemand für sarkastisch hält, hat er recht: Im Sarkasmus steckt das gleiche Fleisch (griechisch *sarx*) wie im Sarg. Ich bin keineswegs auf den Tod fixiert und kenne keine Todessehnsucht. Weil ich aber weiß, dass ich sterben muss, möchte ich leben, noch lange leben.

Und ich möchte lernen, was da in Psalm 90 geschrieben steht: »Herr, lehre uns unsere Tage zählen, damit wir ein weises Herz gewinnen.« Das weise Herz weiß, wie vermessen es ist, in Jahren zu rechnen. Der Weise lebt von Tag zu Tag, wohl wissend, dass seine Tage gezählt sind. Jeder Tag zählt. Wie viele Tage mir noch gegeben sind, möchte ich meinem Herrgott überlassen und gelassen weiter leben. Ich bin dankbar für jeden neuen Tag. Und ich feiere jeden Geburtstag. Erst recht die runden. Wer 60 ist, kann nicht mehr mit 50 sterben. Manche sagen: *Wer früher stirbt, lebt länger ewig.* Aber so weise bin ich noch nicht, noch lange nicht.

x

XX X steht für eine unbekannte Größe. XX ist die große Unbekannte. Die Frau, das unbekannte Wesen. Was bekannt ist: Frauen können nicht einparken. Die meisten Falschfahrer sind Frauen. Und für die Männerkirche haben Frauen das falsche Chromosom. Sie können nicht Priester werden. Neben diesem Gendefekt ist da noch etwas, das den Frauen fehlt. Man(n) spricht von *Penisneid.* Typisch Mann!, sagen die frustrierten Frauen. Im Judentum gehörte die Frau zum Besitz des Mannes, sie war sein Eigentum. Die Frau galt als Sache: *das* Weib. Der fromme Jude betete jeden Morgen: *Gepriesen sei Gott, dass er mich nicht als Frau erschaffen hat.*

Die Frau ist natürlich dem Mann unterworfen. Sie hat ihm die Füße zu waschen. Inzwischen waschen Frauen Männern den Kopf. Und auch Gott ist nicht mehr der, der er war. *Der* Allmächtige, *der* Herr, *der* Vater ... Gott ist kein Mann mehr. *Als Gott Adam schuf, übte sie nur.* Laut Emma-Bibel kam die Sünde nicht durch das Weib in die Welt, sondern durch den Mann. Abel wurde von Kain erschlagen und nicht von Karin. Gott weiß, dass es sich in Wirklichkeit ganz anders zugetragen hat. Schuld gibt es erst, seit XX und XY sich entzweiten. Ursprünglich waren Mann und Frau ein einziges Paar, Adam und Eva eine und dieselbe Person: eine männliche Jungfrau.

Jungfrau kennt kein männliches Pendant. Und das Fräulein sucht vergeblich das Männlein. Und warum heißt es das Mädchen, und nicht das Jüngchen? Feministinnen kämpfen mit aller Gewalt gegen das Herrschaftsinstrument der männlichen Sprache an. Die Menschinnen sind im Kommen. Heute traut sich kaum noch ein Mann, *man* zu sagen. Heute sagt man, was frau denkt und man tut, was frau sagt. Alles, wovon wir Männlein leben, ist weiblich: *Die* Liebe, *die* Hoffnung, *die* Erde, *die* Sonne und nicht zuletzt *die* Macht. Nur der Tod ist männlich. Und in vielen Sprachen ist auch der noch weiblich: *la mort, la morte, la muerte.* Sie ist eine Herrin, eine *domina*, die mit großer Lust gerade die Herren der Schöpfung in die Knie zwingt und sie in den Staub tritt.

Frauen können grausam sein: Als ein Student zu Köln am Rhein öffentlich disputieren wollte, die Weiber wären keine Menschen, wurde er von alten Müttern mit Stühlen zu Tode geschmissen. Das geschah 1715. Inzwischen fragen Frauen: Sind Männer Menschen? Männer schlagen, prügeln, treten, misshandeln, foltern, vergewaltigen, morden, führen Krieg. Frauen üben zwar auch Gewalt aus, aber versteckter, subtiler. Sie haben ganz andere Methoden, um Männer klein zu kriegen. Sie sind Meisterinnen der psychologischen Kriegsführung. Mit Frauen an der Regierung wäre die Geschichte wohl anders verlaufen. Schwer vorzustellen, dass die deutschen Damen gegen die Mesdames in Paris gezogen wären. Lieber Leser, machen wir uns kein X für ein U vor: Frauen sind die besseren Menschen. Nur eine einzige Frau, Xanthippe, ist als streitsüchtig in die Geschichte eingegangen und das noch zu Unrecht. Man hat manche Erwähnungen ihres Mannes Sokrates missverstanden und die arme Frau als Hausdrachen dargestellt.

Zwischen XY und XX kommt es schnell zu Missverständnissen. Das war schon bei Adam und Eva so. Als Adam einmal spät heimkam, fing Eva an, seine Rippen zu zählen. Eva soll sehr eifersüchtig gewesen sein und Adam immer wieder gefragt haben: »Liebst du mich?« – »Wen denn sonst!«, lautete seine Liebeserklärung. Ja, die Liebe zwischen XY und XX ist ein Kapitel für sich. Frau und Mann können im siebten Himmel sein, und eine Stunde später finden sie sich in der Hölle wieder. Aber einer allein ist nicht mal im Paradies glücklich.

Adam und Eva hätten hier auf Erden auch noch das Paradies, wenn, ja wenn es diesen so genannten kleinen Unterschied nicht gäbe. Eine Frau fühlt, empfindet, denkt anders als ein Mann. Und sie rechnet auch anders: 1 + 1 = 3. Eine Frau rechnet mit dem Herzen, ein Mann mit dem Kopf. Das bedeutet aber noch lange nicht, dass Männer intelligenter sind. Intelligenz kommt von inter-legere, dazwischen lesen. Frauen vermögen zwischen den Zeilen zu lesen. Wenn ein Mann über Frauen schreibt, können sie aus dem Text sogar mehr herauslesen, als drin ist.

XY und XX: Nur ein Buchstabe Unterschied, aber wie sich beide Geschlechter unterscheiden! Zwei Drittel der Männer halten sich für schön. Elf Zwölftel der Frauen finden sich nicht schön. Zum Glück finden zwei Drittel wenigstens einen schönen Mann. Die Frau braucht den Mann. Und was wären wir Männer ohne Frau? Nichts. Eine Frau hat uns zur Welt gebracht. Als Muttersöhne sind wir Mutter-fixiert. Vielfach beschränken wir das Weibliche auf das Mütterliche und sehen in unseren Frauen Ersatzmütter statt Partnerinnen. Unser erstes Wort war Mama und vielleicht auch unser letztes. *Mamma mia!*

Das schwache Geschlecht bringt viele starke Frauen hervor. Sie sind es, die den Gebeugten den Rücken stärken. Frauen sind es, die das Leid der Mitmenschen mittragen, die Alte und Kranke pflegen und Sterbende begleiten. Frauen haben mehr Gefühl, sind einfühlsamer, zärtlicher. Lieber Leser, als XY-Träger brauchen wir keine Minderwertigkeitskomplexe zu haben, aber die Frau ist dem Mann überlegen.

Wenn man Psychoanalytikerinnen glauben darf, soll es einen Gebärneid der Männer geben. Wir Männer sind neidisch, weil die Frauen etwas schaffen, was Hand und Fuß hat. Frauen sind schöpferischer als Männer. Doch je mehr wir als Mann unsere weibliche Seite entwickeln, desto kreativer werden wir. Wir Männer haben ja auch weibliche Anteile, wir sind zum Teil auch Frau.

Und auch du, liebe Leserin, bist Frau und Mann zusammen. Du brauchst das Männliche in dir nicht zu unterdrücken, es gehört zu dir. Es gibt viele Frauen, die ihren Mann stehen. Umgekehrt gilt der Mann, der über seine Gefühle redet, bei seinen Geschlechtsgenossen als Weichei, Softie oder schwul. Gerade die Schwulen zeigen uns, dass jedes menschliche Wesen zwei Seiten hat. Früher hatte ich immer gedacht: Es gibt Männlein und Weiblein, und die lieben sich. Heute weiß ich, dass nicht wenige Männer und Frauen eine klare erotische Vorliebe für das eigene Geschlecht haben. Und auch bei einem schwulen oder lesbischen Paar gibt es einen männlichen und einen weiblichen Part.

Männlichkeit und Weiblichkeit, Homosexualität und Heterosexualität können beim einzelnen Menschen ganz unterschiedlich ausgeprägt sein. XX und XY, diese beiden Chromosomenpaare reichen allein nicht aus, um die Welt zu erklären. Es gibt so viele Formen von Sexualität, wie es Menschen gibt. Manche Frauen und Männer haben ein erotisches Interesse an beiden Geschlechtern. Andere fühlen sich fremd im eigenen Körper. Mag ich auch zu den »Normalen« gehören, habe ich doch homosexuelle Anteile. Wenn ich sie verdränge und in mir abspalte, werde ich Schwule und Lesben bekämpfen, weil sie das ausleben, was ich bei mir selbst nicht zulassen kann. Erst wenn ich die weibliche Seite in mir annehme, werde ich ganz Mensch und bin XX + XY in einer Person.

Weibliches und Männliches ergänzen sich und bringen die Welt erst zum ganzen Menschsein. Menschlich wird die Kirche erst dann, wenn Frau und Mann am Altar stehen und uns zum Ganzen führen.

y

Yin Yang Yin Yang kommt uns chinesisch vor. Dabei ist es ganz einfach. Yin ist das Gegenteil von Yang. Yin bedeutet die schattige Seite eines Hügels, Yang die Sonnenseite. Yin und Yang heißen die beiden Gegensätze, die sich gegenseitig ergänzen. In Yin und Yang erblickten die alten chinesischen Religionen das Ganze. Ein Kreis, hell und dunkel, zwei ineinander verschlungene Fische. Der dunkle hat ein Sonnenauge, der helle blickt schwarz. Das Helle und das Dunkle, Kälte und Wärme, innen und außen, männlich und weiblich in eins gesetzt.

Der westliche Mensch sieht Gegensätze als absolut an. Zwei gegensätzliche Aussagen können nicht beide richtig sein. Wenn etwas weiß ist, kann es nicht schwarz sein. Für den Chinesen geht es hierbei nicht um schwarz und weiß, sondern um schwärzer und weißer. Beide befinden sich in ständiger Wandlung, schwärzer wird weißer und umgekehrt.

Yin und Yang, das Dunkle und das Helle, betrachten die Chinesen also nicht so sehr als Gegensatz, sondern vor allem als Wechsel, wie Tag und Nacht. Aus dem Tag geht die Nacht hervor und aus der Nacht der Tag. Ohne Dunkel gibt es kein Licht, ohne Schwarz kein Weiß, ohne Tiefe keine Höhe. *Altus* bedeutet auf Latein hoch und tief. So ergibt sich auch im Chinesischen der Sinn eines Wortes erst im Zusammenhang, in der jeweiligen zeitlichen und räumlichen Situation. Yin und Yang sind zwei Stadien einer zyklischen Bewegung, wobei ununterbrochen eines ins andere übergeht, so wie das Licht dem Dunkel weicht und umgekehrt. Für die Chinesen sind Gegensätze zwei Extreme eines Kontinuums. Wir westliche Menschen denken immer in der linearen Kette von Ursache und Folge. Wir möchten wissen, was zuerst war: die Henne oder das Ei. Die Frage interessiert die Chinesen nicht.

Die unterschiedliche Denkweise wirkt sich auch in der medizinischen Praxis aus. Die westliche Medizin behandelt den Menschen wie einen Automaten, an dem etwas nicht stimmt. Die Krankheitsursache muss gefunden werden. Und wenn man dann (endlich) fündig geworden ist, wird gegen den krank machenden Faktor Krieg geführt, mit Antibiotika, Giftbomben und anderen Vernichtungswaffen. Das Übel wird herausgeschnitten, herausgebrannt, bestrahlt. Im Krieg gegen die Krankheit werden schwere Geschütze aufgefahren, die oft auch den Patienten selbst schwer treffen. Er hat unter schweren Nebenwirkungen zu leiden und muss viele Opfer bringen. Kann die Krankheitsursache nicht weiter bekämpft werden, ist der Patient austherapiert und wird aussortiert ...

Die chinesische Medizin geht nicht so aggressiv vor. Sie führt keinen Vernichtungskrieg, sondern setzt friedliche Mittel ein. Das Hauptziel der Behandlung ist, die Harmonie des Patienten wieder herzustellen und den Energiefluss zu regulieren. Die Chinesen sehen den Menschen als eine Ganzheit, und die Krankheit wird nicht isoliert, nicht losgelöst vom Ganzen behandelt. Alles hängt mit allem zusammen; nichts existiert für sich allein.

Für die Chinesen ist das Universum ein unendliches Netzwerk aus ineinander verwobenen Energieströmen. Nach ihrer Meinung kommunizieren alle Teile dieses Netzes miteinander. Jedes einzelne Teil existiert nur in Zusammenhang mit dem Ganzen. Wir im Westen tendieren dagegen dazu, Ereignisse oder Individuen als einzelne Teile zu sehen und jedes einzelne Teil völlig losgelöst vom anderen zu betrachten. Während die chinesische Medizin auf Synthese ausgerichtet ist, gehen wir im Westen analytisch vor und reduzieren die Krankheit vielfach auf ein Symptom. Um die Symptome kurieren zu können, richten sich unsere Ärzte vor allem nach den Laborwerten. Oft scheint der Befund wichtiger als das Befinden des Patienten. Und wie oft klaffen Befund und Befinden weit auseinander.

Auch wir tun gut daran, den Menschen in seiner Gesamtheit zu begreifen und ihn nicht auf seinen Körper zu reduzieren. Dass Leib, Seele und Geist eine Einheit bilden, zeigt uns auch die psychosomatische Medizin. Seelisches Leid wirkt in den Körper hinein, und körperliche Schäden betreffen die Seele. Das ist so einfach und doch tiefgreifend – wie Yin Yang. Der westliche Mensch will alles in den Griff bekommen und setzt allzu sehr auf das männliche Prinzip Yang, während unterschwellig eine tiefe Sehnsucht nach dem weiblichen Prinzip Yin, nach intuitiver Weisheit spürbar ist. Nicht umsonst wächst bei uns die Skepsis gegenüber der Schulmedizin. Eine Zeitlang stand auch ich der traditionellen chinesischen Medizin (TCM) skeptisch gegenüber, bis meine Tochter Anne mit ihren Nadeln mich von einem Hexenschuss erlöste. Die Hexe war weg, ohne sie mit der chemischen Keule zu verjagen.

Wir sind dem westlichen Denken verhaftet und trennen alles scharf voneinander: das Schöne vom Schweren, das Gute vom Bösen … Nicht selten merken wir, dass das Gute nicht so gut ist, wie wir ursprünglich gemeint haben. Mit der Zeit sehen wir, wozu das Schlechte gut war. Das Böse wendet sich zum Guten und umgekehrt. Ich denke an Lance Armstrong. Der fünfmalige Tour-de-France-Sieger ist fest davon überzeugt, dass sein Krebs das Beste war, was ihm passieren konnte.

Wir Menschen wissen manchmal nicht, was gut ist und was nicht. Und wie ist es bei Gott? Er gilt als der Gute schlechthin. Meister Ekkehard sagt: »Es ist nicht möglich, Gott gut zu nennen oder besser oder am besten, so wenig wie es möglich ist, ihn schlecht zu nennen.« Damit meint der Mystiker: Bei Gott ist Schwarz und Weiß ein und dasselbe, weil das nur in unseren Augen Unterschiede sind. Weil wir das so nicht sehen können, spalten wir das Böse ab von Gott und schreiben es einem bösen Geist, einem Dämon, dem Teufel zu. Aber der Teufelsglaube ist nur mangelnder Glaube an den einen Gott. Gott ist nicht nur der Gute, der alle liebt, alles versteht und jedem verzeiht. Warum soll nicht auch Gott seine dunklen Seiten haben?

Im Alten Testament ist Gott ein rachsüchtiger Krieger. An unzähligen Stellen begegnet uns ein zorniger Jahwe, der gewalttätig Gericht hält, Rache nimmt und ausdrücklich befiehlt, Menschen zu töten. Auch unsere eigene Gotteserfahrung hat zwei Seiten: Auf der einen Seite gibt Gott uns das Leben und ist Geber aller guten Gaben. Und zum anderen lässt der gute Gott uns leiden. Warum? Die Kontrasterfahrung des Dunklen und des Hellen gehört zum Leben mit unserem Gott. Und vielleicht haben auch wir schon erfahren, dass uns Gott gerade im Dunkel am nächsten ist. Mitten im Leid, in der Ohnmacht des Kreuzes erweist sich die Macht der Liebe. Wir verstehen aber nicht, dass Gott sich selbst aufs Kreuz legen lässt, statt uns vom Kreuz zu holen. Wir halten die Macht der Liebe für ohnmächtig und wünschen uns einen allmächtigen Gott.

Mit den Begriffen allmächtig und ohnmächtig ist Gott nicht zu begreifen. Yin und Yang kann uns verstehen helfen, dass alle Gegensätze letztlich ein Ganzes bilden. Und dieses Ganze ist für die Chinesen ein unendlicher Weg zur letzten Wirklichkeit. Das Tao. Sind nicht alle Religionen verschiedene Wege zu dem Einen hin? Ich hoffe, dass ich am Ende meiner Tage auch so beten kann wie der taoistische Meister: *Der Eine, der mich mit allem versorgt hat, was ich zum Leben brauche, wird mir auch geben, was ich im Tod brauche.*

Z

Zuwendung Der letzte Buchstabe im Alphabet ist Z – Zuwendung aber das Erste, was der Mensch braucht. Leben ist nicht nur ein physischer Prozess, der durch Nahrungsaufnahme, Atmen aufrecht erhalten bleibt. Wir brauchen Menschen, die uns ansprechen und uns mit unserem Namen anreden. Ohne Ansprache wären wir schon kurz nach unserer Geburt gestorben. Das Experiment von Kaiser Friedrich II. verlief tödlich. Er wollte herausfinden, in welcher Sprache Kinder zu reden anfangen, wenn zuvor niemand mit ihnen gesprochen hat. Sprechen die Kinder dann Hebräisch, Griechisch, Latein oder die Sprache ihrer Eltern? So befahl er den Ammen und Pflegerinnen, sie sollten auf gar keinen Fall mit den Kindern sprechen. Der Kaiser bemühte sich vergebens, denn alle Kinder starben.

Von Geburt an brauchen wir Menschen, die uns ansprechen, anlächeln. Wir brauchen Menschen, die uns zureden, zusagen, zuhören. Menschen, die sich uns zuwenden, zuneigen. Gerade weil wir immer mehr von Geräten und Apparaten umgeben sind, brauchen wir Menschen. Mein Computer hört auf mich und tut alles, was ich ihm sage, aber er hört mir nicht zu. Mit meinem Handy kann ich jeden anrufen, aber ich kann ihm nichts sagen. Im Internet habe ich Zugang zu der ganzen Welt. Aber ich brauche einen Menschen, der mit mir geht, der bei mir bleibt. Ein Mensch, der mir die Hand hält, der zu mir hält. Ich brauche einen Menschen, der mich streichelt und zärtlich zu mir ist.

Menschen brauchen Menschen. Das ist das A und O meines Alphabets. Wir brauchen menschliche Zuwendung von Anfang bis zum Ende. Vor allem dann, wenn wir auf der Intensivstation liegen und an Maschinen hängen. Oder wenn die Ärzte nichts mehr machen können und uns sagen: *Für Sie können wir nichts mehr tun!* Tun ist aber doch viel mehr als machen. Und was für einen Austherapierten noch alles getan werden kann, das zeigen die Mitarbeiterinnen und Mitarbeiter im Hospiz. Sie tun alles, um das Leid zu lindern und die verbleibende Zeit so angenehm wie möglich zu gestalten.

Im Hospiz wird niemand geheilt, aber die menschliche Zuwendung ist heilsam, sie bewirkt manchmal Wunder. Ich denke an Ebi. Er lag in einem Stuttgarter Krankhaus, im letzten Zimmer, abgelegt zum Sterben. Als ich dann den Ärzten sagte, dass es in Oberharmersbach ein Aids-Hospiz gibt, waren sie froh, dass sie ihn dorthin abschieben konnten und Ebi los waren. Bei meinem nächsten Besuch traute ich meinen Augen nicht: Da kam mir Ebi an einer Krücke auf der Treppe entgegen. Durch die liebevolle Zuwendung war Ebi wieder auf die Beine gekommen und brauchte sogar keine Krücke mehr. Nach einiger Zeit ging es Ebi so gut, dass er aus dem Hospiz entlassen werden konnte und in eine Wohngemeinschaft der Aidshilfe nach Freiburg kam.

Weit mehr als 100 Frauen und Männer, meist jüngere, sind im Hospiz Oberharmersbach schon gestorben. Bis heute hat sich dort niemand das Leben genommen und es gab auch noch keinen einzigen Suizidversuch. Im dortigen Haus Maria Frieden bittet auch niemand um die Todesspritze. Viele unheilbar Kranke verlangen nach Tötungshilfe, weil niemand sich ihnen zuwendet und sie mit ihrer

Angst und ihren Schmerzen vielfach allein gelassen werden. Im Hospiz bekommt die Menschenfreundlichkeit Gottes Hand und Fuß. Dort wird gehandelt. Durch die Hände von Menschen wird greifbar, spürbar, dass Gott uns im Leid nahe ist. Gott hat keine anderen Hände als die unseren. Er braucht unsere Hände, um das Leid zu lindern. Gott wischt keinem Kranken den Schweiß und die Tränen ab, wenn wir es nicht tun. Gott gibt keinem ein Stück Brot, wenn wir es ihm nicht geben. Wir sind Gottes Handlanger und geben seine Liebe weiter. Durch die Zuwendung erfährt der Notleidende, dass Gott ihm zugewandt ist.

Die Zuwendung Gottes haben wir einzigartig in und durch Jesus erfahren. Er war die Hand Gottes. Er hat die schrecklichen Wunden der Unberührbaren berührt. Dadurch wurde er selbst unrein. Wenn ich mich im Namen Jesu den Aussätzigen von heute zuwende, dann kann ich keine Strategie der sauberen Hände befolgen, dann muss ich meine Hände oft schmutzig machen. Drogenabhängigen gebe ich saubere Spritzen und ich verteile Kondome an Frauen, die notgedrungen auf den Strich gehen. Von Jesus können wir auch lernen, uns gerade den Menschen zuzuwenden, von denen andere sich abwenden. Wie der »Freund der Sünder« gehen wir auf die Ausgestoßenen und Ausgegrenzten zu: ohne Berührungsangst, ohne Vorurteil, ohne Absicht. Absichtslos wenden wir uns vor allem den Menschen zu, bei denen es angeblich keinen Sinn macht und keinen Zweck hat.

Zu-Wendung ist ein großes Wort, aber sie geschieht oft im Kleinen. Im Vorbeifahren winkt mir eine Bekannte zu. Ein Unbekannter lächelt mir zu. Ein Freund hört mir intensiv zu. Ich bekomme eine Karte von einem Menschen, den ich schon längst vergessen hatte. Eine Frau sagt mir, dass sie mich jeden Abend in ihr Gebet mit einschließt. Diese Form von Zuwendung berührt mich eigenartig. Da wendet sich ein Mensch hin zu Gott, um für mich zu beten. Ich kann es brauchen. Zuwendung gilt auch den Dingen, die wir gerade tun. Wenn wir ganz bei der Sache sind, fällt uns »die Arbeit« leichter. Ein in Meditation erfahrener Mann wurde einmal gefragt, warum er trotz seiner vielen Beschäftigungen immer so gesammelt sein konnte. Er sagte: »Wenn ich stehe, dann stehe ich. Wenn ich sitze, dann sitze ich. Wenn ich esse, dann esse ich. Wenn ich spreche, dann spreche ich.« Da fielen ihm die Fragesteller ins Wort und sagten: »Das tun wir doch auch.« Er aber sagte zu ihnen: »Nein, wenn ihr sitzt, dann steht ihr schon. Wenn ihr steht, dann lauft ihr schon. Wenn ihr lauft, dann seid ihr schon am Ziel.«

Wenn ich schreibe, schreibe ich. Seit Monaten schreibe ich an diesem Buch, Buchstabe für Buchstabe, von A bis Z. Zu guter Letzt nun hältst du, lieber Leser, mein ABC in Händen, an irgendeinem Ort, vielleicht am stillen Örtchen. Pssst! Mich stört es nicht. Denn dann weiß ich wenigstens, dass du dich mir regelmäßig zuwendest.

Und wo neigst du dich, geneigte Leserin, mir zu? Sag nur, ich liege bei dir auf dem Nachttisch und du schläfst mit mir ein … Das freut mich. Wenn meine Frau schläft, schleiche ich mich manchmal aus dem Bett, um zu schreiben. Dann sitze ich mitten in der Nacht vor dem PC und wende mich dir, geliebte Leserin, zu. Und auch sonst sitze ich oft jede freie Minute vor meinem »Altar«, wie meine Frau sagt. Ich glaube, dass sie manchmal etwas eifersüchtig ist. Gut, dass ein Buch keine Frau ist.

Aber ist nicht jeder Mensch ein Buch? Unser Leben lang schreiben wir an unserer Geschichte. Tag für Tag. Seite für Seite. Unser Buch ist keine Story, kein Märchen, kein Roman. Eine wahre Geschichte, aus dem Leben gegriffen. Trotzdem kommt uns der Inhalt manchmal selbst so leer und langweilig vor, dass wir das Buch zuklappen möchten. Es fällt uns schwer, einen Sinn aus unserer Lebensgeschichte herauszulesen. Wozu das Ganze? Wenn es wenigstens ein Happy End gäbe.

Liebe Leserin, lieber Leser, mein Buch ist auch kein Bestseller, und trotzdem kann es dir eine Hilfe sein. Vielleicht verhelfe ich dir zu einer anderen Lesart deines Buches. Oder zu der Einsicht, dass dein Buch auch viele gute Seiten hat.

Oder mein ABC gibt dir zu denken, und du machst dir Gedanken über dein Alphabet. Schreibe es auf. Vergleiche dein ABC mit dem deines Partners. Da ergibt sich leicht ein gutes Gespräch. Oft genügt ein Buchstabe für einen Gedankenaustausch.

Du kannst das Lebens-ABC auch mit mehreren spielen. Die Mitspieler schreiben zu einem bestimmten Buchstaben ihren Begriff auf.

Anschließend kann man raten, wer was geschrieben hat. Und jeder Spieler verrät, warum ihm dieser Begriff so wichtig ist. So kannst du spielend einiges von den anderen erfahren und sie von dir. Vielleicht ist dir das zu psychologisch und du wendest dich lieber im Stillen deinem Alphabet zu. Oder du schreibst mir und teilst mir mit, was der Mensch zum Leben braucht.

PETRUS CEELEN · *Brächterstraße 14 · D 71732 Tamm*

Liebe Leserin, lieber Leser, du sollst das letzte Wort haben und kannst hier dein eigenes Alphabet eintragen. Mit der Zeit wird es sich ändern und dich vielleicht verändern.

A . . . .

B . . . .

C . . . .

D . . . .

E . . . .

F . . . .

G . . . .

H . . . .

I . . . .

J . . . .

K . . . .

L . . . .

M . . . .

N . . . .

O . . . .

P . . . .

Q . . . .

R . . . .

S . . . .

T . . . .

U . . . .

V . . . .

W . . . .

X . . . .

Y . . . .

Z . . . .

www.schwabenverlag.de

Gestaltung: Finken und Bumiller, Stuttgart
Umschlagfoto: © Anselm Spring
Herstellung: Freiburger Graphische Betriebe, Freiburg i. Br.
Printed in Germany

ISBN 3-7966-1125-7